汽车使用与维护系列

汽车保险与理赔

赵长利　编著

国防工业出版社
·北京·

内容简介

本书系统地介绍了汽车保险概述、汽车保险产品、汽车保险购买、汽车保险理赔、典型案例分析等内容。本书以了解保险基础知识、熟悉汽车保险产品、掌握车险投保技巧、熟悉车险索赔规定为主线进行内容组织,注重内容的实用性。最后一部分典型案例,采用以案例学保险、理论与实践相结合的介绍方法,内容通俗易懂。

本书具有知识涵盖面广、图文并茂、贴近实践的特点,非常适合广大私家车车主阅读,也适合汽车保险公司的员工、汽车售后部门的员工、汽车评估部门的员工及汽车保险爱好者学习参考。

图书在版编目(CIP)数据

汽车保险与理赔/赵长利编著.—北京:国防工业出版社,2016.12重印
(汽车使用与维护系列)
ISBN 978-7-118-10234-5

Ⅰ.①汽… Ⅱ.①赵… Ⅲ.①汽车保险—理赔—基本知识—中国 Ⅳ.①F842.63

中国版本图书馆 CIP 数据核字(2015)第 280121 号

※

国防工業出版社出版发行
(北京市海淀区紫竹院南路 23 号 邮政编码 100048)
北京嘉恒彩色印刷有限责任公司印刷
新华书店经售

*

开本 880×1230 1/32 **印张** 8 **字数** 230 千字
2016 年 12 月第 1 版第 3 次印刷 **印数** 10901—13900 册 **定价** 29.00 元

(本书如有印装错误,我社负责调换)

国防书店:(010)88540777 发行邮购:(010)88540776
发行传真:(010)88540755 发行业务:(010)88540717

前言

汽车保险隶属财产保险范畴，其发展与汽车工业的发展息息相关。

近年来，我国汽车工业发展迅速，汽车产量、保有量连创新高。2014年，我国汽车产量达到了2372万辆，居世界第一位；截至2014年底，全国汽车保有量达1.54亿辆，是2003年的6.5倍。随着经济社会的发展，汽车快速进入千家万户，近十年汽车保有量年均增加1100多万辆。作为一种交通工具，汽车已经普遍渗透到了我国经济、社会生活的方方面面，我国已快速进入汽车社会。

由于道路交通情况复杂、车辆行驶速度快，或受自然灾害影响，车辆极易发生意外事故，从而导致车辆损坏、财产损失或人员伤亡。据统计，我国平均每分钟发生1起道路交通事故，每起事故造成的直接经济损失为5000元左右，真是“车祸猛于虎”！除道路交通事故外，使用汽车还面临盗抢事故、火灾事故、水灾事故、雹灾事故等的威胁，因此，汽车出险频率非常高。汽车事故除了给车主朋友带来因修车或重新购车而支出大量金钱的意外情况外，还有可能因承担大量的第三者赔偿责任而使自身生活困难、债台高筑。

汽车保险是以汽车本身及第三者为保险标的的一种保险，是交通事故损失风险的转移，它能够切实保障司机朋友在汽车因事故造成车辆本身损失及第三者人身伤亡和财产损失时，得到一定经济补偿，最大限度地减少道路交通事故对个人所造成的经济损失。因此，汽车保险作为汽车使用的“保护神”，倍受广大司机朋友青睐。

为保障车祸中受害人能获得及时的经济赔付和医疗救治，减轻交通事故肇事方的经济负担并化解经济赔偿纠纷，充分发挥保险保障个人、稳定社会的功能，2006年7月1日，我国施行了交强险，要求有车人员必须购买。

随着我国交强险的实施和汽车的快速普及，许多人士都开始关注汽车保险相关事宜,汽车保险产品有哪些、汽车保险如何购买、汽车保险如何索赔,已成为人们谈论的热点。为此,组织编写了《汽车保险与理赔》一书,供广大车主朋友和保险爱好者学习参考。

本书分为5章,包括汽车保险概述、汽车保险产品、汽车保险购买、汽车保险理赔、典型案例分析。书中内容是作者在经历多年的汽车保险学习、研究、工作的基础上编写而成。本书以了解保险基础知识、熟悉汽车保险产品、掌握车险投保技巧、熟悉车险索赔规定为主线进行内容组织,在写作风格上,注重内容的实用性。最后一部分介绍了典型案例,采用了以案例学保险、理论与实践相结合的介绍方法,内容通俗易懂。

本书由赵长利统稿。另外,韩波、翟雪莲、赵洋洋等参与了本书部分内容的编写,并提供了相关材料。

在本书编写过程中,除了所列参考文献外,还参考了许多书籍、报刊、网站等的相关内容,在此对原作者表示由衷的感谢。

由于编者水平有限,书中可能存在某些差错,敬请广大读者、行业从业人员批评指正,不胜感激。

编者

2015年5月

目录

第 1 章　汽车保险概述

1.1　汽车使用风险

"天有不测风云,人有旦夕祸福",现实生活中存在许多风险,时刻危害着人们的生命和财产安全。

为规避风险,保护自我,人们已经想出了多种举措,比如对风险事故采取预防措施、发生事故后采取减损措施、购买人身和财产保险等。其中,购买保险是一种比较简单、便于计算成本的风险管理方法,保险在现实生活中充分发挥了稳定社会生产、生活的作用。

无风险则无保险,风险的客观存在是保险产生与发展的自然基础。

车辆在使用过程中,使用风险种类繁多,可分三类:车辆自身风险、车辆使用责任风险、其他使用风险。

1.1.1　车辆自身风险

常见的导致车辆自身损失的风险为碰撞、火灾、水灾、被盗抢等。除此之外,还有汽车倾覆、被外界坠落或倒塌物体砸毁、车身被划痕,以及雹灾、暴风、雷击、海啸、地陷、冰陷、崖崩、雪崩、泥石流、滑坡、地震等自然灾害风险。常见车辆损失类保险及保障风险见表 1－1。车损事故如图 1－1 所示。

表 1－1　常见车辆损失类保险及保障风险

常见车辆损失类险种	保　障　风　险
车辆损失保险	碰撞、倾覆、坠落、火灾、外界坠落、倒塌、暴风、龙卷风、雷击、雹灾、暴雨、洪水、海啸、地陷、冰陷、崖崩、雪崩、泥石流、滑坡等。地震不保

（续）

常见车辆损失类险种	保 障 风 险
全车盗抢保险	车辆被盗窃、抢劫、抢夺及导致的车辆损失，但零部件被盗窃，保险不赔偿
自燃险	车辆自身原因起火
玻璃单独破碎	风挡玻璃或车窗玻璃单独破碎
车身划痕	车身无明显碰撞痕迹的划痕
新增设备损失险	车辆标准配置外的新增装置损坏
发动机特别损失险	车辆在积水路面涉水行驶或被水淹后致使发动机损坏等

（a）汽车碰撞事故

（b）汽车火灾事故

（c）汽车水灾事故

（d）车轮被盗事故

（e）汽车倾覆

（f）汽车被外界倒塌物体砸毁

(g)汽车因雹灾而玻璃损坏

(h)汽车因地震灾难而损坏

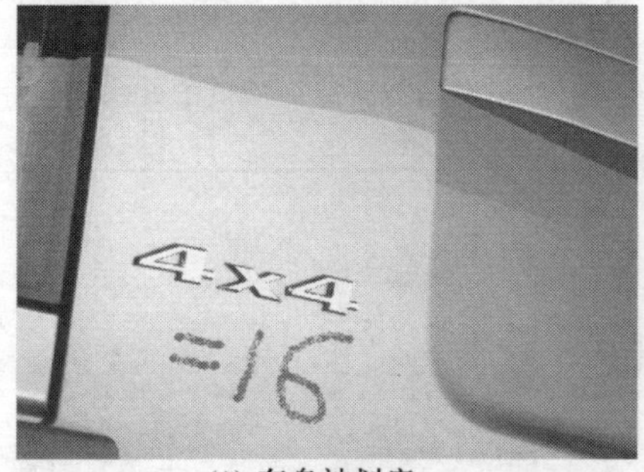

(i)车身被划痕

(j)车辆因地陷而损坏

图1-1　车辆自身损失的常见风险

1.1.2　车辆使用责任风险

车辆在使用过程中发生意外事故,容易造成第三者人员人身伤害、财产损失,车上人员的人身伤害、车上货物的损失,以及因车载货物掉落、泄漏、污染等造成第三方人员或财产的损失等,此时作为车辆的使用者或所有者必须对受害人员的人身伤害或财产损失履行赔偿责任。常见责任类保险及保障风险见表1-2。车辆使用责任事故如图1-2所示。

表1-2　常见责任类保险及保障风险

常见责任类险种	保障风险
交强险	因意外事故造成第三者人身伤残、医疗费用、财产损毁所负的经济赔偿责任

（续）

常见责任类险种	保 障 风 险
第三者责任险	因意外事故造成第三者人身伤残、医疗费用、财产损毁所负的经济赔偿责任
车上人员责任险	因意外事故造成车上驾驶员或乘员的人身伤残、医疗费用所负的经济赔偿责任
车上货物责任险	因意外事故造成车上货物损毁所负的经济赔偿责任
车载货物掉落责任险	因所载货物掉落致使第三者人身伤亡或财产损毁所负的经济赔偿责任
油污污染责任险	因意外事故造成车辆上油液泄漏污染路面所负的经济赔偿责任

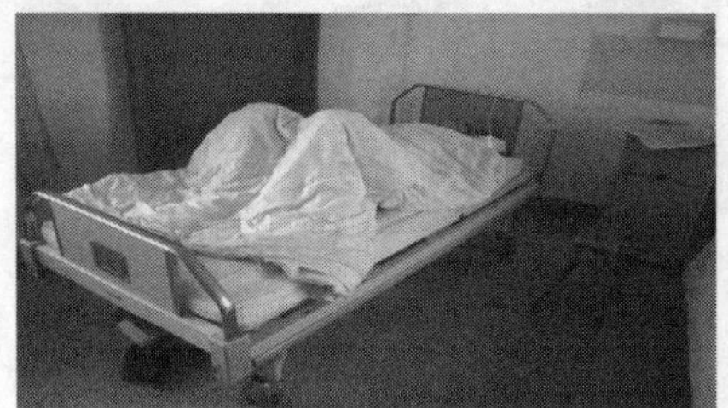
(a) 第三者人员受伤

(b) 汽车撞坏公交候车亭

(c) 车辆撞坏高速公路护栏

(d) 车辆挂断过街电缆

(e) 轿车撞坏渔具公司渔笼

(f) 车辆超载压坏石桥

（g）车辆导致第三者大门损坏的事故

（h）车辆因倾覆而导致车上生猪受损

（i）车载液态氯泄漏导致油菜被熏黄

（j）车辆因托底而导致机油泄漏污染路面

图 1－2　车辆使用责任风险

1.1.3　其他使用风险

车辆除了因意外事故导致车辆自身损失和相关赔偿责任外，还容易导致一些其他损失，常见的有：

1. 车辆的施救费用

如翻入沟中的车辆需要吊车吊装（见图 1－3(a)）、不能行驶的车

（a）汽车被吊起施救

（b）汽车火灾的施救

图 1－3　对事故车辆的施救

辆需要拖车、着火的车辆需要灭火(见图1-3(b))、车辆在行驶途中因多个轮胎损坏或油量、电量不足需要救援等。

施救过程中如果方法不合理,还可能导致损失扩大(见图1-4)。

(a)开始吊起落水轿车

(b)吊起落水轿车过程中

(c)吊车倾翻后与落水轿车一起落水

(d)第二辆吊车施救第一辆吊车和落水轿车

图1-4 施救方法不合理导致损失扩大

2. 车辆营业收入的减少

如出租车因事故而不能运行,导致收入减少;运输车辆因事故而不能顺利到达目的地,导致赚不到运费等。

3. 车辆因事故需要支出相关费用

(1)车辆因在外地发生事故而必须额外支出住宿费、交通费等。

(2)因车辆事故与第三方之间产生法律纠纷而支出的相关费用,如诉讼费、仲裁费等。

(3)为准确确定车辆损失数额、第三方财产损失数额、人员伤残等级等,而支出的相关费用,如评估费、鉴定费等。

常见其他类保险及保障风险见表1-3。

表1-3　常见其他类保险及保障风险

常见其他类保险	保　障　风　险
车辆损失保险等	赔偿车辆因事故而产生的保护费用、施救费用等
机动车停驶损失险	赔偿因发生机动车损失保险的保险事故，致使机动车停驶引起的损失
异地出险住宿费特约条款	赔偿因在事故发生地修理汽车或处理事故，而发生的必要的、合理的住宿费
法律费用特约条款	赔偿因发生事故而被提起仲裁或诉讼的仲裁费或者诉讼费以及其他费用

1.2　汽车保险术语

1.2.1　保险概念

1. 从经济角度看

保险是通过收取保费建立保险基金，然后对个别客户出现的意外事故损失进行赔偿。

简言之，保险是一种保障，以防万一，不出事是我为人人，出了事是人人为我，即保险具有“一人为众，众人为一”的互助精神(图1-5)。

图1-5　保险保障作用

2. 从法律角度看

保险是保险公司同意补偿被保险人损失的一种合同安排，保险合

同具有严肃性，其法律效力不容忽视。

3. 从社会角度看

保险是稳定社会生产和社会生活的一种事物，具有积极的作用，是社会生产和社会生活的“精巧的稳定器”。

江泽民为《保险知识读本》（马永伟编）所作的批语中写道：

金融是现代经济的核心。保险是金融体系的重要组成部分，它对促进改革、保障经济、稳定社会、造福人民具有重要的作用。保险事业在我国还刚刚起步，必须大力普及保险知识和提高全民的保险意识。

《国务院关于保险业改革发展的若干意见》中写道：

保险具有经济补偿、资金融通和社会管理功能，是市场经济条件下风险管理的基本手段，是金融体系和社会保障体系的重要组成部分，在社会主义和谐社会建设中具有重要作用。

4. 保险法规定

目前《中华人民共和国保险法》（以下简称《保险法》）（图 1－6）是于 2009 年 10 月 1 日修订后施行的。

《中华人民共和国保险法》第二条规定：

保险是指投保人根据合同约定，向保险人支付保险费，保险人对于合同约定的可能发生的事故因其发生所造成的财产损失承担赔偿保险金责任，或者当被保险人死亡、伤残、疾病或者达到合同约定的年龄、期限时承担给付保险金责任的商业保险行为。

图 1－6　保险法

可见《保险法》所讲的保险是商业保险，这不同于社会保险（图 1－7）。社会保险是由政府主办的一种保障基本生活的保险，覆盖面比较广，应当积极推行。但社会保险注重平等，保障水平比较低。商业保险的保障范围比较广泛，保障程度可以由投保人与保险公司协商确定，能够满足各种人的不同需要。因此，有了社会保险也还需要商业

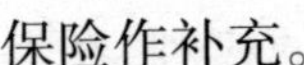

保险作补充。

《保险法》将商业保险分为人身保险和财产保险两类，细分如图 1－8。同时，《保险法》规定同一保险公司不得同时经营财产保险业务和人身保险业务，如太平洋财产保险股份有限公司和太平洋人寿保险股份有限公司分别开展业务。汽车保险属于财产保险范畴。

图 1－7　社会保险与商业保险的区别

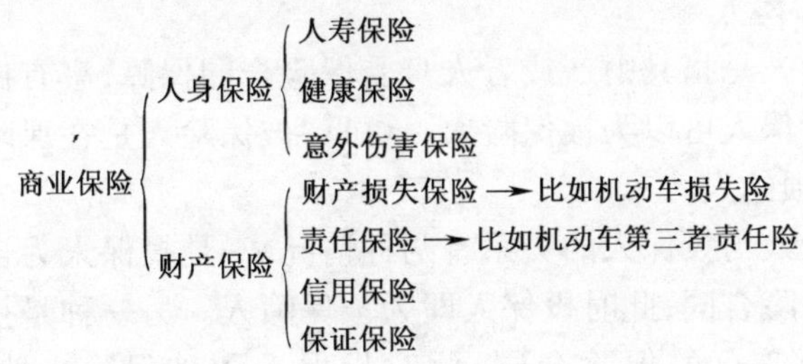

图 1－8　商业保险分类

1.2.2　常用保险术语

1. 保险人

保险人是指与投保人订立保险合同，并按照合同约定承担赔偿或者给付保险金责任的保险公司。

保险人与投保人订立保险合同时，享有收取保险费的权利，在保险合同约定的事故或事件发生后，必须承担赔偿保险金的义务和责任。各国法律通常规定保险人必须是法人，在我国它必须是依照《保险法》设立的保险公司以及法律、行政法规规定的其他保险组织，其他单位和个人不得经营保险业务。

1986 年以前，我国保险市场仅有一家保险公司——中国人民保险公司，市场处于垄断状态；1988 年中国平安保险公司成立，1991 年中国太平洋保险公司成立，出现了三足鼎立的局面；截至 2012 年底，在中国保险市场上共有保险公司 138 家，市场竞争日趋激烈。

2. 投保人

投保人是指与保险人订立保险合同，并按照合同约定负有支付保险费义务的人。

投保人不管是自然人还是法人，都必须具备民事权利能力和民事行为能力。民事权利能力是指民事主体依法享有民事权利和承担民事义务的资格；民事行为能力是指民事主体能够通过自己的行为依法行使权利和承担义务的资格。同时，投保人对保险标的必须具有保险利益，否则，保险合同无效。

3. 被保险人

被保险人是指其财产或者人身受保险合同保障，享有保险金请求权的人。投保人可以为被保险人。可见，被保险人是在保险事件发生时，实际受损的人。

被保险人与投保人的关系有两种情况，一是投保人为自己的利益而签订的保险合同，此时投保人即为被保险人。另一种是投保人为他人的利益而签订的保险合同，此时投保人和被保险人为两个不同的人。

4. 受益人

受益人是指人身保险合同中由被保险人或者投保人指定的享有保险金请求权的人。

人身保险的受益人由被保险人或者投保人指定。投保人指定受益人时须经被保险人同意。被保险人或者投保人可以指定一人或者数人为受益人(图1-9)。受益人为数人的,被保险人或者投保人可以确定受益顺序和受益份额;未确定受益份额的,受益人按照相等份额享有受益权。

被保险人或者投保人可以变更受益人并书面通知保险人。投保人变更受益人时须经被保险人同意。

5. 保险合同

保险合同是投保人与保险人约定保险权利义务关系的协议,如图1-10所示。汽车保险的保险合同由保险条款、投保单、保险单、批单和特别约定共同组成。凡涉及保险合同的约定,均应采用书面形式。

图1-9　多个受益人

图1-10　保险合同

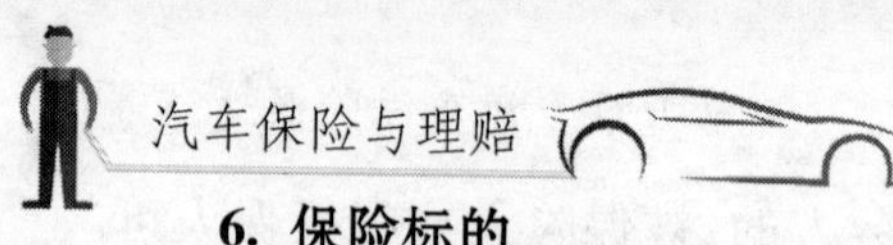

6. 保险标的

保险标的是保险保障的目标和实体，是保险合同双方当事人权利和义务所指向的对象。

7. 保险金额

保险金额是指保险人承担赔偿或者给付保险金责任的最高限额。

保险金额对保险人来说有三项意义：它是收取保险费的计算依据；它是补偿给付的界限和最高额度；它是支付合理费用的最高额度。

保险金额对被保险人来说也有三项意义：它是交费的依据；它是获得保险赔偿的最高额；它是获取予支的合理费用补偿的最高额。

8. 保险费

保险费是投保人为转嫁风险支付给保险人的与保险责任相对应的价金。2000—2013 年我国保险行业保费收入、财产保险保费收入、人身保险保费收入见表 1－4。图 1－11 为我国近几年来汽车保险业保费收入增长趋势。

表 1－4　2000—2013 年我国保险业数据

年份	保费收入/亿元			保险密度/(元/人)	保险深度/%
	总保费	财产保险保费	人身保险保费		
2000	1596	598	998	127.7	1.80
2001	2109	685	1424	162.9	2.20
2002	3054	780	2274	237.6	2.98
2003	3880	866	3014	287.4	3.33
2004	4324	1125	3199	332.0	3.40
2005	4927	1284	3644	379.0	2.70
2006	5641	1580	4061	431.3	2.80
2007	7036	1998	5038	541.2	2.85
2008	9784	2337	7447	736.7	3.25
2009	11137	2876	8261	831.1	3.32
2010	14528	3896	10632	962.0	3.20
2011	14339	4618	9721	1062.0	3.00
2012	15488	5331	10157	1143.8	2.98
2013	17222	6481	10741	1265.7	3.03

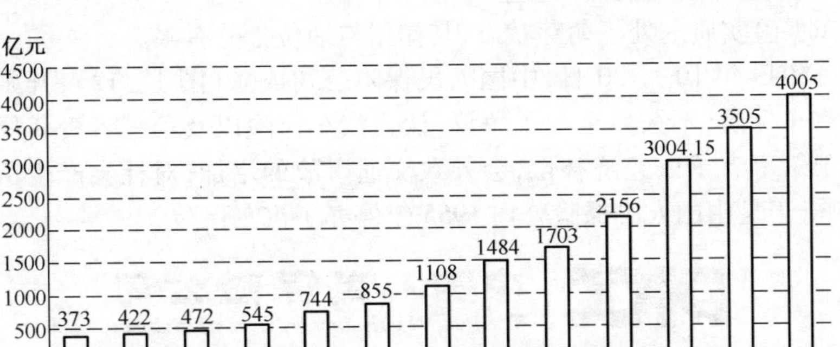

图 1-11　我国 2000—2012 年汽车保险业保费收入变化趋势

9. 保险密度

保险密度是指人均保费收入,这是衡量一个国家保险业发达程度的一个重要指标。人均保费收入越高,说明一国保险业相对越发达。2000—2013 年我国保险业保费密度见表 1-4。

10. 保险深度

保险深度是指保费收入占国内生产总值(GDP)的百分比,这是衡量一国保险业发达程度的又一重要指标。保险收入占国内生产总值的比例越大,说明一国保险业相对越发达。2000—2013 年我国保险业保险深度见表 1-4。

1.2.3　汽车保险概念

1. 汽车保险定义

汽车保险是指以汽车为保险标的的保险,其保障范围包括汽车本身因自然灾害或意外事故导致损失,及汽车所有人或其允许的合格驾驶员因使用汽车发生意外事故所负的赔偿责任。汽车保险既属于财产损失保险范畴,又属于责任保险范畴,是一个综合性的险种。

2. 车险历史变革

汽车保险进入我国是在鸦片战争以后,但由于我国保险市场处于外国保险公司的垄断与控制之下,加之旧中国的工业不发达,我国的汽车保险实质上处于萌芽状态，其作用与地位十分有限。

1949 年 10 月 20 日，中国人民保险公司成立（图 1－12），开始开办汽车保险，不久后出现了争议，认为汽车保险以及第三者责任保险对于肇事者予以经济补偿，会导致交通事故的增加，对社会产生负面影响，于是中国人民保险公司 1955 年停办了汽车保险。

图 1－12　中国人民保险公司成立

20 世纪 70 年代，随着我国对外关系的开展，各国纷纷与我国建立友好关系，为满足各国驻华使领馆汽车的保险需要，20 世纪 70 年代中期，开始办理以涉外业务为主的汽车保险业务。

1980 年我国全面恢复国内保险业务，汽车保险也随之恢复。

1983 年 11 月我国将汽车保险更名为机动车辆保险，使其具有了更广泛的适用性。但日常生活中人们仍习惯地称为汽车保险，此处的汽车泛指机动车。

在此后 30 多年的发展过程中，汽车保险在我国保险市场，尤其在财产保险市场中始终发挥着重要的作用。到了 1988 年，汽车保险的保费收入超过了 20 亿元，占财产保险保费收入的 37.6%，第一次超过了企业财产保险（35.99%）。此以，汽车保险一直是财产保险的第一大险种，并保持高增长率，我国的汽车保险业务进入了高速发展的时期。

3. 车险险种分类

汽车保险分为交强险和商业车险两种（图 1－13），而商业车险种又分为主险和附加险，其中附加险不能独立保险。主险一般包括第三者责任险、车辆损失险、车上人员责任险、全车盗抢保险；附加险包括车身划痕损失险、车上货物责任险、车载货物掉落责任险、玻璃单独破碎险、车辆停驶损失险、自燃损失险、新增设备损失险、不计免赔特约险等。

图 1－13　汽车保险分类

未投保主险的，原则上不得投保相应的附加险。主险保险责任终止时，相应附加险保险责任随之终止。附加险条款解释与主险条款解释相抵触之处，以附加险条款解释为准。

4. 购买车险后的心理风险变化

购买了汽车保险后，被保险人容易放松警惕而诱发较大心理风险。比如疏忽了车辆的日常保养和维护，从而导致车辆的技术状况（制动性、操纵稳定性、动力性、通过性等）下降，也可能使汽车重要零部件和轮胎等超出正常使用限度，这些都增大了被保险汽车的运行风险。

如果保险人在与投保人签订合同时，对保险车辆的使用不作任何限制，无疑是对被保险人的间接放纵，将不断扩大汽车的使用风险，同时会增大全体投保人的负担。就汽车保险的风险控制而言，保证条件十分重要。因此，在各国的汽车保险合同中，就被保险人应保证的事项进行了规定。

我国机动车辆保险条款中，一般对被保险人的义务也有明确规定，如“被保险人及其驾驶员应当做好保险车辆的维护、保养工作，保险车辆的装载必须符合规定，使其保持安全行驶的技术状态”“保险车辆发生保险事故后，被保险人应当采取合理的保护、施救措施，并立即向事故发生地的交通管理部门报案，同时在 48 小时内通知保险人”“被保险人索赔时不得有隐瞒事实、伪造单据、制造假案等欺诈行为”等。

1.3 汽车保险合同

1.3.1 保险合同特征

《保险法》第十条第 1 款：

保险合同是投保人与保险人约定保险权利义务关系的协议。

保险合同具有 5 个特征：双务合同、有偿合同、附和合同、射幸合同、属人合同。

1. 保险合同是双务合同

双务合同是指双方当事人都要承担一定的义务，如保险合同中被保险人应维护保险标的的安全，保险人应赔偿保险事故中标的损失和施救费用。

2. 保险合同是有偿合同

有偿合同是指合同双方当事人的权利取得需花费一定代价，如保险合同中投保人以支付保险费为代价获得保险的保障，而保险人收取保费的前提是承诺当保险标的发生保险事故后给予经济补偿。

3. 保险合同是附和合同

附和合同是指合同双方当事人不充分商议合同的重要内容，由一方提出合同的主要内容，另一方只能取与舍，即要么接受对方提出的

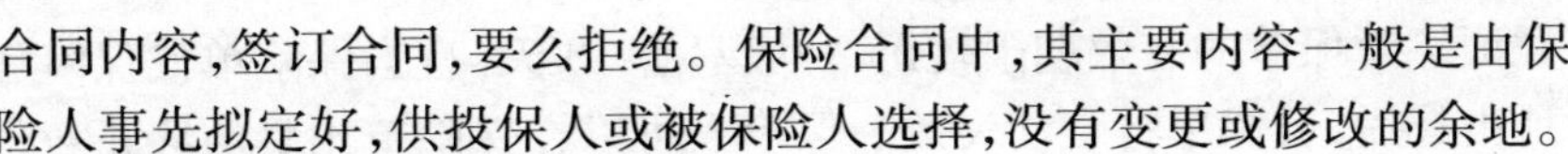

合同内容,签订合同,要么拒绝。保险合同中,其主要内容一般是由保险人事先拟定好,供投保人或被保险人选择,没有变更或修改的余地。

4. 保险合同是射幸合同

射幸是指偶然或不确定的意思。射幸合同是指当事人双方在签订合同时不能确定履行内容的合同。保险合同即为此种合同,比如,保险标的发生保险事故,那么保险人必须依照合同赔偿被保险人的经济损失,并且赔偿额度往往超过投保人所付保费,而若保险标的在保险期内没有发生保险事故,则保险人只收取保费却无任何赔偿。

5. 保险合同具有属人性

保险标的的出险概率往往与被保险人的年龄、性别、职业、习惯等有一定的相关性,所以当保险标的转让时,需考虑被保险人的相关情况,经保险人同意后,方可办理保险的变更手续。

1.3.2　保险合同的形式

保险合同的形式主要有投保单、保险单、保险凭证、暂保单和批单五种。

1. 投保单

投保单是投保人向保险人申请订立保险合同的书面要约。投保单是保险人承保的依据,保险合同成立后,投保单是保险合同的重要组成部分。

2. 保险单

保险单是保险人和投保人之间订立保险合同的正式书面文件,是保险人向被保险人履行赔偿或给付义务的依据。

3. 保险凭证

保险凭证是保险人签发给投保人或被保险人证明保险合同已经订立的书面凭证,是一种简化的保险单,与保险单具有同等的法律效力。

4. 暂保单

暂保单是保险人或保险代理人向投保人出具保险单或保险凭证之前签发的临时保险凭证。暂保单的法律效力等同于保险单或保险

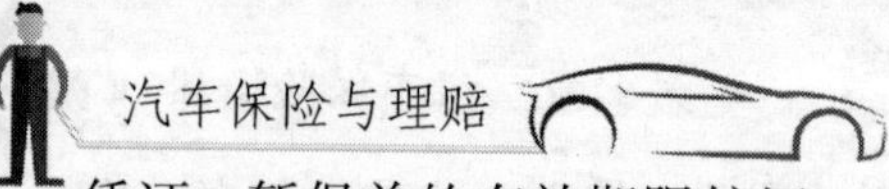

凭证。暂保单的有效期限较短,一般只有 30 天,且当保险单或保险凭证出具后,暂保单将自动失效。保险人可以在保险单出具前终止暂保单,但必须提前通知被保险人。

5. 批单

批单是保险合同双方当事人对于保险单的内容进行修改或变更的证明文件。批单是保险合同的重要组成部分。批单的内容与原保险合同内容冲突的,以批单为准;多次批改签发的批单,应以最后批改的批单为准。批单的形式有两种:一种是在原保险单或保险凭证上批注(背书);另一种是出立一张变更保险合同内容的附贴便条。

1.3.3 保险合同的主体与客体

1. 保险合同主体

保险合同主体是指在保险合同订立、履行过程中享有合同赋予的权利和承担相应义务的人。

根据在合同订立、履行过程中发挥的作用不同,保险合同的主体分为当事人和关系人两类。当事人包括保险人和投保人,关系人包括被保险人和受益人。

2. 保险合同客体

保险合同客体是投保人对保险标的的保险利益,表现为因保险标的完好无损而使其受益,因保险标的遭受损坏而使其蒙受经济损失。

1.3.4 保险合同内容

保险合同内容是投保人、被保险人与保险人之间所约定的权利与义务及其他有关事项,用条款的方式写在保险合同中,它是双方履行合同义务、承担法律责任的依据。当保险合同生效后,双方都必须遵守合同的内容。保险合同的内容分为基本内容和约定内容。

基本内容是《保险法》规定必须列明的、涉及合同双方当事人权利义务的内容,是保险合同必不可少的组成部分。当保险合同的基本内容不能完全表达当事人双方的意愿时,当事人双方可以通过协商约定

其他内容,这些称为保险合同的约定内容。

《保险法》第十八条:

保险合同应当包括下列事项:

(一)保险人的名称和住所;

(二)投保人、被保险人的姓名或者名称、住所,以及人身保险的受益人的姓名或者名称、住所;

(三)保险标的;

(四)保险责任和责任免除;

(五)保险期间和保险责任开始时间;

(六)保险金额;

(七)保险费以及支付办法;

(八)保险金赔偿或者给付办法;

(九)违约责任和争议处理;

(十)订立合同的年、月、日。

投保人和保险人可以约定与保险有关的其他事项。

受益人是指人身保险合同中由被保险人或者投保人指定的享有保险金请求权的人。投保人、被保险人可以为受益人。

保险金额是指保险人承担赔偿或者给付保险金责任的最高限额。

1.3.5　保险合同的订立与生效

1. 保险合同的订立

保险合同的订立是指投保人和保险人在意思中表示一致时双方订立保险合同的行为。合同的订立包括要约阶段与承诺阶段。要约阶段是投保人向保险人提出保险要求的意思表示。承诺阶段是保险人同意投保人提出的保险要求的意思表示。在保险实务中,由于保险合同是附和合同,所以投保人的要约为书面要约形式,即填写投保单,而保险人接到投保单,经审核没有异议后签字盖章,并出具保险单或保险凭证,保险合同即告成立。

2. 保险合同的生效

保险合同的生效是指保险合同对当事人双方发生约束力,即合同

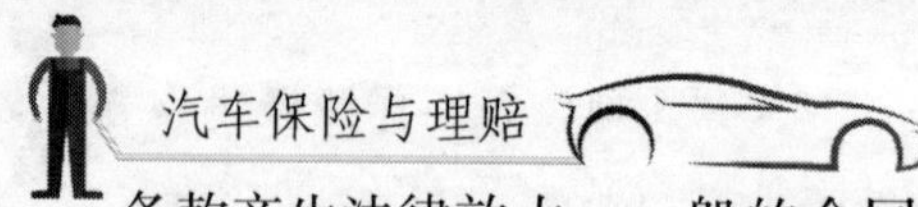

条款产生法律效力。一般的合同成立即生效。但是,在保险实践中,保险合同往往约定在合同成立后的某一时间生效。同时,我国保险实务中普遍实行“次日零点起保”。所以保险合同的成立和生效往往不一致。保险合同即使已经订立,但生效前发生的保险事故,保险人不承担赔偿责任。

当事人双方可以通过协商约定其他内容,这些称为保险合同的约定内容。

《保险法》第十三条:

投保人提出保险要求,经保险人同意承保,保险合同成立。保险人应当及时向投保人签发保险单或者其他保险凭证。

保险单或者其他保险凭证应当载明当事人双方约定的合同内容。当事人也可以约定采用其他书面形式载明合同内容。

依法成立的保险合同,自成立时生效。投保人和保险人可以对合同的效力约定附条件或者附期限。

《保险法》第十四条:

保险合同成立后,投保人按照约定交付保险费,保险人按照约定的时间开始承担保险责任。

《保险法》第十九条:

采用保险人提供的格式条款订立的保险合同中的下列条款无效:

(一)免除保险人依法应承担的义务或者加重投保人、被保险人责任的;

(二)排除投保人、被保险人或者受益人依法享有的权利的。

1.3.6 保险合同的履行

保险合同的履行,分为投保人义务履行和保险人义务履行两种。

1. 投保人义务的履行

投保人作为合同的当事人之一,其应尽的义务包括:

(1) 投保人必须按约定的缴费期限、保险费数额、缴纳方式履行自己的缴费义务。及时缴纳保险费是合同生效的必要条件。

(2) 保险合同生效后,投保人或被保险人应当遵守国家有关消防、安全、生产操作、劳动保护等方面的规定,维护保险标的的安全。

如果投保人或被保险人未履行上述义务,保险人有权要求增加保险费或解除合同。

(3) 当保险标的危险程度增加时,投保人或被保险人应及时通知保险人,否则,因保险标的危险程度增加而发生的保险事故,保险人不承担赔偿责任。

(4) 当发生保险合同约定的保险事故后,被保险人应当及时通知保险人。否则,由此造成的损失扩大,保险人将不承担扩大部分的保险责任。

(5) 当保险事故发生后,被保险人应当积极采取各种施救措施,防止损失程度的扩大。否则,保险标的因上述情况而扩大的损失,保险人有权拒绝承担赔付责任。施救费用在保险金额外另行计算,不得超过保险金额。

2. 保险人义务的履行

(1) 在订立保险合同时,保险人有义务向投保人详细说明保险合同的各项条款及含义,尤其是对责任免除条款必须明确说明,否则,该条款不产生效力。

(2) 保险合同成立后,保险人应及时签发保险单证。

(3) 保险事故发生后,保险人应积极查勘、准确定损、及时支付赔偿金。否则,由此造成被保险人或受益人损失的,保险人除赔付保险金外,还要承担违约责任。

(4) 保险人应赔偿被保险人合理的施救费用及其他费用,如核定事故性质和评估保险标的损失的费用、仲裁费用、诉讼费用等。

(5) 保险人应为在订立和履行保险合同的过程中所知晓的投保人、被保险人的秘密、隐私以及其他不愿公开的事项保密。

1.3.7　保险合同的解除与终止

1. 保险合同的解除

保险合同的解除是指保险合同生效之后,有效期届满之前,保险合同当事人双方协议或一方行使合同解除权,使合同关系归于消灭的法律行为。保险合同的解除分为投保人解除和保险人解除。

《保险法》第十五条：

除本法另有规定或者保险合同另有约定外，保险合同成立后，投保人可以解除合同，保险人不得解除合同。

《保险法》第五十条：

货物运输保险合同和运输工具航程保险合同，保险责任开始后，合同当事人不得解除合同。

《保险法》第五十四条：

保险责任开始前，投保人要求解除合同的，应当按照合同约定向保险人支付手续费，保险人应当退还保险费。保险责任开始后，投保人要求解除合同的，保险人应当将已收取的保险费，按照合同约定扣除自保险责任开始之日起至合同解除之日止应收的部分后，退还投保人。

（1）投保人解除保险合同。一般情况下，投保人有随时解除保险合同的权利，可在合同生效前解除，也可在合同生效后解除。合同生效前解除的，投保人应当向保险人支付一定的手续费，保险人应当退还保险费。合同生效后解除的，保险人按短期费率收取自保险责任开始之日起至合同解除之日止期间的保险费，并退还剩余部分保险费。

但有特殊规定的保险合同，投保人是不得解除的，比如货物运输和运输工具航程等保险合同保险责任开始后不允许解除，强制险的保险合同不允许解除等。

（2）保险人解除保险合同。一般情况下，保险人不得随意解除保险合同。但当投保人、被保险人有违约或违法行为时，保险人也可以解除保险合同。

《保险法》第二十七条：

未发生保险事故，被保险人或者受益人谎称发生了保险事故，向保险人提出赔偿或者给付保险金请求的，保险人有权解除合同，并不退还保险费。

投保人、被保险人故意制造保险事故的，保险人有权解除合同，不承担赔偿或者给付保险金的责任；除本法第四十三条规定外，不退还保险费。

保险事故发生后，投保人、被保险人或者受益人以伪造、变造的有关证明、资料或者其他证据，编造虚假的事故原因或者夸大损失程度的，保险人对其虚报的部分不承担赔偿或者给付保险金的责任。

投保人、被保险人或者受益人有前三款规定行为之一,致使保险人支付保险金或者支出费用的,应当退回或者赔偿。

《保险法》第四十九条:

保险标的转让的,保险标的的受让人承继被保险人的权利和义务。

保险标的转让的,被保险人或者受让人应当及时通知保险人,但货物运输保险合同和另有约定的合同除外。

因保险标的转让导致危险程度显著增加的,保险人自收到前款规定的通知之日起三十日内,可以按照合同约定增加保险费或者解除合同。保险人解除合同的,应当将已收取的保险费,按照合同约定扣除自保险责任开始之日起至合同解除之日止应收的部分后,退还投保人。

被保险人、受让人未履行本条第二款规定的通知义务的,因转让导致保险标的的危险程度显著增加而发生的保险事故,保险人不承担赔偿保险金的责任。

《保险法》第五十一条:

被保险人应当遵守国家有关消防、安全、生产操作、劳动保护等方面的规定,维护保险标的的安全。

保险人可以按照合同约定对保险标的的安全状况进行检查,及时向投保人、被保险人提出消除不安全因素和隐患的书面建议。

投保人、被保险人未按照约定履行其对保险标的的安全应尽责任的,保险人有权要求增加保险费或者解除合同。

保险人为维护保险标的的安全,经被保险人同意,可以采取安全预防措施。

《保险法》第五十二条:

在合同有效期内,保险标的的危险程度显著增加的,被保险人应当按照合同约定及时通知保险人,保险人可以按照合同约定增加保险费或者解除合同。保险人解除合同的,应当将已收取的保险费,按照合同约定扣除自保险责任开始之日起至合同解除之日止应收的部分后,退还投保人。

被保险人未履行前款规定的通知义务的,因保险标的的危险程度显著增加而发生的保险事故,保险人不承担赔偿保险金的责任。

《保险法》第五十八条:

保险标的发生部分损失的,自保险人赔偿之日起三十日内,投保人可以解除合同;除合同另有约定外,保险人也可以解除合同,但应当提前十五日通知投保人。

合同解除的，保险人应当将保险标的未受损失部分的保险费，按照合同约定扣除自保险责任开始之日起至合同解除之日止应收的部分后，退还投保人。

2. 保险合同的终止

保险合同的终止是指保险合同双方当事人消灭保险合同确定的权利和义务的行为。常见的导致合同终止的原因有：

(1) 当法律规定或合同约定的事由出现时，当事人通过行使解除权使保险合同效力终止。

(2) 保险合同因保险期限到期而终止，又称自然终止，这是最常见的一种方式。

(3) 在保险合同有效期内，保险事故发生后，保险人依合同规定履行了赔付保险金的全部责任后使合同终止，即保险合同因义务履行而终止。

(4) 保险标的发生部分损失，在保险人赔偿后，合同的双方当事人都可以行使终止权使合同效力终止。

(5) 因非保险事故引起保险标的全部灭失而导致保险合同终止。

3. 保险合同解除与终止的区别

(1) 直接原因不同。解除的直接原因是一方意思的表示或解除合同的协议；而终止的直接原因往往是合同到期、合同履行完毕或保险标的灭失等。

(2) 履行程度不同。解除通常是合同未到期，也未履行完毕，而是将正在生效的合同提前终止其效力；而终止通常是合同到期、合同履行完毕。

(3) 法律后果不同。解除是提前解除合同，存在溯及既往的问题；而终止是合同权利义务归于消灭，不存在溯及既往的问题。

1.3.8 保险合同的解释原则和争议处理

1. 解释原则

在保险实践中，保险双方当事人由于种种原因对保险合同往往有不同的理解，经常引发保险纠纷，此时必须依据一定的原则作为准绳，正确解释合同的含义,并使双方均认同。解释保险合同的常用原则有:文义解释、意图解释、有利于被保险人或受益人的解释、尊重保险惯例的解释。

(1) 文义解释。是指对保险合同中所使用的文字词句用最通常含义进行解释。它是解释保险合同的最主要方法。

(2) 意图解释。是指用文义解释原则解释保险合同时,如果所使用的文字词句或者某些条款可能作两种及以上解释,此时应根据双方当事人订立合同时的真实意图来进行解释。

(3) 有利于被保险人或受益人的解释。是指当保险合同某些条款出现一词多义时,并且各种解释都有一定道理时,应当作有利于被保险人或受益人(合同非起草人)的解释。

(4) 尊重保险惯例的解释。是指在对保险业专业用语和行业习惯用语做解释时,应考虑其在保险业中的特别含义,能为保险经营者所承认和接受。

《保险法》第三十条:

采用保险人提供的格式条款订立的保险合同,保险人与投保人、被保险人或者受益人对合同条款有争议的,应当按照通常理解予以解释。对合同条款有两种以上解释的,人民法院或者仲裁机构应当作出有利于被保险人和受益人的解释。

2. 保险合同争议的处理

当保险合同双方对合同内容的解释产生异议,又无法达成妥协时,即产生了保险合同的争议。其处理方法通常有协商、仲裁和诉讼三种。

协商是指双方当事人本着互谅互让、实事求是的原则,在平等互利、合法的基础上自行解决争议。该处理方式双方气氛友好、处理事情的灵活性大并能节省仲裁或诉讼的费用。

仲裁是指双方当事人把保险合同的纠纷诉诸有关仲裁机关做出判断或裁决。该处理方式费用较诉讼低,且不公开进行,不至于损害双方的利益。

诉讼是指双方当事人请求人民法院依照法定程序，对于保险纠纷予以审查，并做出判决。该处理方式是司法活动，司法判决具有国家强制力，当事人必须予以执行。

1.4 汽车保险原则

保险业务遵行的原则主要包括：

（1）保险利益原则——适于人身保险和财产保险；

（2）最大诚信原则——适于人身保险和财产保险；

（3）近因原则——适于人身保险和财产保险；

（4）损失补偿原则——适于财产保险；

（5）代位原则——是损失补偿原则派生出来的，适于财产保险；

（6）分摊原则——是损失补偿原则派生出来的，适于财产保险。

1.4.1 保险利益原则

1. 保险利益定义

保险利益是指投保人对保险标的所具有的法律上承认的利益。

2. 保险利益原则定义

保险利益原则是指在签定和履行保险合同的过程中，投保人或被保险人对保险标的必须具有保险利益，如果投保人或被保险人对保险标的不具有保险利益，签订的保险合同无效，如果保险合同生效后，投保人或被保险人对保险标的失去了保险利益，保险合同也随之失效。

《保险法》第十二条规定：

人身保险的投保人在保险合同订立时，对被保险人应当具有保险利益。财产保险的被保险人在保险事故发生时，对保险标的应当具有保险利益。

《保险法》第四十八条规定：

保险事故发生时，被保险人对保险标的不具有保险利益的，不得向保险人请求赔偿保险金。

3. 保险利益构成条件

投保人或被保险人对保险标的所拥有的任何利益并非都可以成

为保险利益,保险利益的构成必须具备下列条件:

(1) 保险利益必须是合法利益。违法行为所产生的利益,不能成为保险利益。例如,投保人以盗窃、诈骗、走私等手段所获取的汽车即为非法利益,不能成为保险合同的标的物。

(2) 保险利益必须是经济利益。如果不能用货币衡量其价值的经济损失,就无法计算其损害程度大小,也就难以确定对其损失补偿的标准。

(3) 保险利益必须是确定利益。确定利益包括已经确定利益和即将确定利益。已经确定利益是指事实上的利益即现有的利益;即将确定利益是指客观上可以实现的利益即预期利益。

1.4.2　最大诚信原则

1. 最大诚信原则定义

最大诚信原则是指双方当事人在签订和履行保险合同时,对于与保险标的有关的重要事实,必须以最大诚意如实告知,互不欺骗和隐瞒,恪守合同的认定与承诺,否则保险合同无效。所谓的重要事实,是指对保险人决定是否接受或以什么条件接受某一危险有影响的每一项事实。

2. 最大诚信原则内容

最大诚信原则内容包括:

(1) 告知。告知分为保险人告知和投保人告知两种。

① 保险人告知包括明确列明和明确说明两种。在国际上,通常只要求保险人采用明确列明的告知形式。我国为更好地保护被保险人的利益,要求保险人在采用明确列明形式的基础上履行明确说明的告知义务,即需要对保险条款、责任免除等部分加以解释,见图 1-14。

《保险法》第十七条规定:

订立保险合同,采用保险人提供的格式条款的,保险人向投保人提供的投保单应当附格式条款,保险人应当向投保人说明合同的内容。

对保险合同中免除保险人责任的条款,保险人在订立合同时应当在投保单、保险单或者其他保险凭证上作出足以引起投保人注意的提示,并对该条款的内容以书面或者口头形式向投保人作出明确说明;未作提示或者明确说明的,该条款不产生效力。

（a）专业术语的保险条款晦涩难懂

（b）保险销售员解释说明条款含义

图 1－14　保险销售员履行明确说明义务

② 投保人告知的形式有无限告知和询问回答告知两种。无限告知对投保人要求非常严格，大多数国家采取询问回答告知形式，我国保险法即规定采用此种形式。

《保险法》第十六条规定：

订立保险合同，保险人就保险标的或者被保险人的有关情况提出询问的，投保人应当如实告知。

投保人故意或者因重大过失未履行前款规定的如实告知义务，足以影响保险人决定是否同意承保或者提高保险费率的，保险人有权解除合同。

前款规定的合同解除权，自保险人知道有解除事由之日起，超过三十日不行使而消灭。自合同成立之日起超过两年的，保险人不得解除合同；发生保险事故的，保险人应当承担赔偿或者给付保险金的责任。

投保人故意不履行如实告知义务的，保险人对于合同解除前发生的保险事故，不承担赔偿或者给付保险金的责任，并不退还保险费。

投保人因重大过失未履行如实告知义务，对保险事故的发生有严重影响的，保险人对于合同解除前发生的保险事故，不承担赔偿或者给付保险金的责任，但应当退还保险费。

保险人在合同订立时已经知道投保人未如实告知的情况的，保险人不得解除合同；发生保险事故的，保险人应当承担赔偿或者给付保险金的责任。

保险事故是指保险合同约定的保险责任范围内的事故。

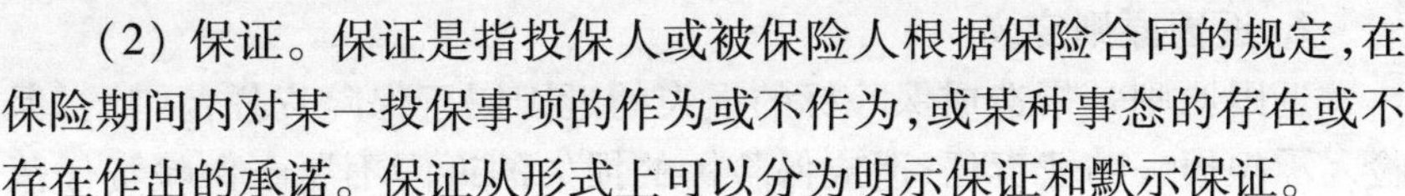

（2）保证。保证是指投保人或被保险人根据保险合同的规定，在保险期间内对某一投保事项的作为或不作为，或某种事态的存在或不存在作出的承诺。保证从形式上可以分为明示保证和默示保证。

3. 坚持最大诚信的原因

投保人为汽车投保的目的是转嫁使用汽车的风险，而保险人为了降低经营风险，限定了保险责任，投保人购买保险后，能否实现自己的目的，取决于投保人想转嫁的汽车使用风险与保险合同规定的保险责任是否相一致。由于保险合同具有附合性特征，为保险人单方制定，再加上一些保险专业的术语，所以对合同的保险责任、责任免除等内容的含义，保险人最清楚。当保险人履行了说明义务后，投保人可根据自己的实际情况选择是否投保，这可避免日后索赔时产生保险纠纷。而被保险汽车的车辆结构、技术状况及驾驶员的习惯等事实，投保人、被保险人最清楚。因此，汽车保险中只有双方都如实告知，诚实信用，双方当事人才能互相清楚。图 1－15 所示为汽车保险合同双方当事人知晓的信息不对称。

图 1－15　保险信息不对称

1.4.3　近因原则

1. 近因定义

所谓近因是指造成保险标的损失的最直接、最有效、起主导作用或支配性作用的原因，而不是指在时间上或空间上与损失最接近的原因。

2. 近因原则定义

近因原则是指造成保险标的损失的近因属于保险责任范围的,保险人承担损失赔偿责任;造成保险标的损失的近因不属于保险责任范围的,保险人不承担损失赔偿责任。在保险业务中,近因原则是认定保险责任的一个重要原则,对判定事故损失是否属于保险赔偿范围具有重要的意义。

3. 近因的判定

任何一起事故的理赔都必须坚持近因原则,所以对事故的近因判定非常关键。事故的近因判定可分为以下几类:

(1) 单一原因造成损失的,该原因即为近因。若这一原因属于保险责任范围,则保险人应赔偿事故损失;否则,保险人不应赔偿事故损失。

(2) 多种原因同时发生造成损失的,多种原因均为近因。该种情况下,造成损失的这些原因若均属于保险责任范围,则保险人应赔偿事故损失;若这些原因均不属于保险责任范围,则保险人不应赔偿事故损失;若这些原因中既有属于保险责任范围的,也有不属于保险责任范围的,则比例赔偿或者协商赔偿。

(3) 多种原因连续发生造成损失的,要分析前因与后因之间有无因果关系。若有因果关系,那么前因为事故损失的近因。若无因果关系,只是时间有先后,则后因为事故近因。

(4) 在一连串间断发生的原因中,有一项新的独立的原因介入,导致损失,则该原因即为近因。

1.4.4 损失补偿原则

1. 损失补偿原则定义

损失补偿原则是指当保险标的发生保险责任范围内的损失时,保险人按照合同规定,给予被保险人一定的保险赔偿,使被保险人恢复到受灾前的经济原状,但不能因损失而获得额外利益。损失补偿是保险的基本职能,通过保险补偿,避免被保险人因保险事故造成的损失而影响其生产或生活的稳定。

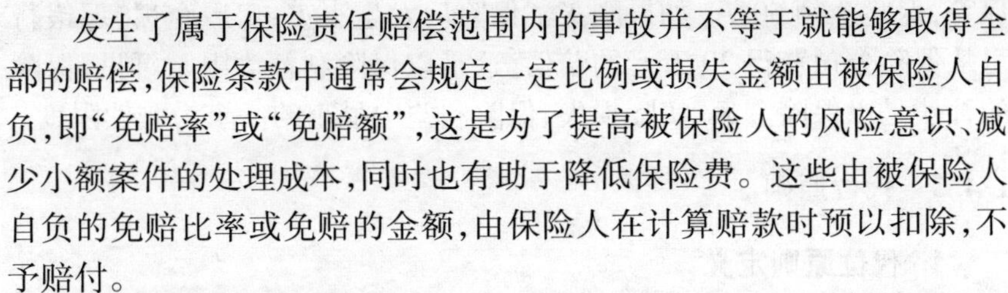

发生了属于保险责任赔偿范围内的事故并不等于就能够取得全部的赔偿,保险条款中通常会规定一定比例或损失金额由被保险人自负,即“免赔率”或“免赔额”,这是为了提高被保险人的风险意识、减少小额案件的处理成本,同时也有助于降低保险费。这些由被保险人自负的免赔比率或免赔的金额,由保险人在计算赔款时预以扣除,不予赔付。

2. 损失补偿的方式

保险人履行损失赔偿责任的方式有现金给付、重置和维修三种。

现金给付是财产保险的最常见的损失补偿方式,它简单方便、结案迅速,深受欢迎,如机动车第三者责任险中的人身伤害的赔偿。

重置是指保险人重新购置与保险标的相同或相似的物品给予被保险人作为补偿,如汽车玻璃破碎的赔偿。

维修是指当保险标的受损时,保险人采用维修的办法,将保险标的的性能恢复到未受损时的状况,如车辆损失的赔偿。

3. 损失补偿的限度

保险人履行损失赔偿责任时,必须把握三个限度,以保证被保险人既能恢复失去的经济利益,又不会由于保险赔款而额外受益。具体如下:

(1) 以实际损失为限,即保险赔偿金额不能超过保险标的损失时的市价。

(2) 以保险金额为限,即保险赔偿金额不得高于保险金额。

(3) 以保险利益为限,即被保险人获得的赔款,不得超过对被损财产所具有的保险利益。

例如,某房屋,价值 50 万元,房主投保了半年的火灾保险,保额 50 万元。由于市场波动,1 个月后该房市价变为 40 万元,如果此时发生火灾,房屋全损,那房主可从保险公司获得 40 万元的赔偿,这是以实际损失为限。2 个月后该房市价又变为 60 万,如果此时发生火灾,房屋全损,那房主可从保险公司获得 50 万元的赔偿,这是以保险金额为限。9 个月后该房市价又变为 50 万元,此时,房主向银行贷款 30 万元,并以房屋做抵押,银行为安全起见,将该房屋投了为期一年的火灾保险,保险金额50万,如果刚买了保险后发生火灾,房屋全损,那银行可从保险公司获得30万元的赔偿,这是以保险利益为限。可见,保险的补偿是以保险金额、实际损失、保险利益中最小的一个为赔偿限度。

1.4.5　代位原则

1. 代位原则定义

代位原则是指保险人依照约定,对被保险人遭受的损失进行赔偿后,依法取得向对损失负有责任的第三者进行追偿的权利,或取得被保险人对保险标的的所有权。其中,依法取得向对损失负有责任的第三者进行追偿的权利,为权利代位,又称代位追偿;依法取得被保险人对保险标的的所有权,为物上代位。所以代位原则包括权利代位(也称为代位追偿)和物上代位两部分。

2. 代位追偿产生条件

产生代位追偿权,必须具备三个条件:

首先,保险标的的损失必须是由第三者造成的,依法应由第三者承担赔偿责任;

其次,保险标的的损失是保险责任范围内的损失,根据合同约定,保险公司理应承担赔偿责任;

第三,保险人必须在赔偿保险金后,才能取代被保险人的地位与第三者产生债务债权关系。

3. 物上代位

物上代位实际上是一种物权的转移,当保险人在处理标的物时,若得到的利益超过赔偿的金额,应属保险人所有。

1.4.6　分摊原则

1. 分摊原则定义

分摊原则是指在重复保险的情况下,当保险事故发生时,各保险人应按一定的方式分摊被保险人的损失,使被保险人既能得到充分的补偿,又不会获得超过实际损失以外的不当利益,从而避免引发道德风险。

分摊原则适用于重复保险。所谓重复保险是指投保人对同一标的、同一保险利益、同一保险事故分别与两个及其以上保险人订立保险合同,其保险金额总和超过保险标的实际价值的保险。重复保险原则上是不允许的,但事实上却是存在着的。

2. 分摊方式

在汽车保险中,重复保险是指为同一辆汽车的同一风险,分别向两个或两个以上的保险公司投保汽车保险。

重复保险只能得到一份赔偿。《保险法》规定:重复保险中,各保险公司的赔偿金额的总和不得超过保险价值。所以,千万不要为同一辆汽车投保多份相同的汽车保险。否则,有一部分保费是白花了,是得不到任何赔偿的。

在重复保险的情况下,当发生保险事故时,保险标的所遭受的损失由各保险人分摊,分摊方式有三种:比例责任分摊、限额责任分摊、顺序责任分摊。

(1) 比例责任分摊。是将各保险人的保险金额相加,除以各个保险人的保险金额,得出每个保险人应分摊的比例,然后按比例分摊损失金额。

例如,某人将一批财产先后向A、B、C三家保险公司投保,保额分别为60万元、50万元和40万元。如果保险财产发生保险事故损失45万元, A、B、C三两家保险公司应分别赔付多少?

按比例责任分摊:

A保险公司的赔偿额=60÷(60+50+40)×45=18万元

B保险公司的赔偿额=50÷(60+50+40)×45=15万元

C保险公司的赔偿额=40÷(60+50+40)×45=12万元

即A、B、C三家保险公司各承担18万元、15万元、12万元,赔款总额为45万元,正好等于被保险人的实际损失。

比例责任分摊方式在各国保险实务中应用最多。

《保险法》第五十六条第2款规定:

重复保险的各保险人赔偿保险金的总和不得超过保险价值。除合同另有约定外,各保险人按照其保险金额与保险金额总和的比例承担赔偿保险金的责任。

(2) 限额责任分摊。是假定在没有重复保险的情况下,由各保险人单独应负的责任限额比例分摊损失金额。

如上例,在没有重复保险的情况下,A 保险公司应承担 45 万元的赔偿责任,B 保险公司应承担 45 万元的赔偿责任,C 保险公司应承担 40 万元的赔偿责任。现按照限额责任分摊方式计算:

A 保险公司的赔偿额=45÷(45+45+40)×45=15.6 万元

B 保险公司的赔偿额=45÷(45+45+40)×45=15.6 万元

C 保险公司的赔偿额=40÷(45+45+40)×45=13.8 万元

即 A、B、C 三家保险公司分别承担 15.6 万元、15.6 万元、13.8 万元,三家保险公司的赔款总额也为 45 万元。

限额责任分摊方式与比例责任分摊方式的共同点是各保险人都是按照一定的比例分摊赔款责任;二者的区别是计算分摊比例的基础不同,前者以赔偿责任为计算基础,后者则是以保险金额为计算基础。

(3) 顺序责任分摊。是根据多个保险合同生效的先后顺序,由先出立保单的保险人首先负责赔偿,第二个保险人只负责赔偿超出第一保险人保险金额的部分,如果仍有超出部分,即依次由第三、第四个保险人负责赔偿。

仍以上例为例,采用顺序责任分摊方式,先出单的 A 保险公司应承担赔款的 45 万元,后出单的 B、C 两家保险公司则不必承担赔偿责任。可见,三家保险公司的赔款总额仍为 45 万元。

因顺序责任分摊方式不符合公平原则,所以目前很少使用。

1.5 汽车保险公司与中介

1.5.1 保险公司

我国当前开展汽车保险业务的保险公司如表 1-5 所列。当前开展汽车保险业务的保险公司很多,使人们在选保险公司时陷入迷茫。图 1-16。

表1-5　当前开展汽车保险业务的部分保险公司名录

序号	开展汽车保险业务的保险公司	序号	开展汽车保险业务的保险公司
1	中国人民财产保险股份有限公司	31	信达财产保险股份有限公司
2	安邦财产保险股份有限公司	32	鼎和财产保险股份有限公司
3	中国平安财产保险股份有限公司	33	英大泰和财产保险股份有限公司
4	华安财产保险股份有限公司	34	华信财产保险股份有限公司
5	中国太平洋财产保险股份有限公司	35	泰山财产保险股份有限公司
6	大众保险股份有限公司	36	鑫安汽车保险股份有限公司
7	天平汽车保险股份有限公司	37	民安财产保险股份有限公司
8	永诚财产保险股份有限公司	38	国泰财产保险有限责任公司
9	天安保险股份有限公司	39	锦泰财产保险股份有限公司
10	渤海财产保险股份有限公司	40	长江财产保险股份有限公司
11	中华联合财产保险股份有限公司	41	众诚汽车保险股份有限公司
12	华农财产保险股份有限公司	42	诚泰财产保险股份有限公司
13	中国大地财产保险股份有限公司	43	美国友邦有限公司上海分公司
14	都邦财产保险股份有限公司	44	三星财产保险(中国)有限公司
15	阳光财产保险股份有限公司	45	美亚财产保险有限公司
16	民安保险(中国)有限公司	46	富邦财产保险股份有限公司
17	永安财产保险股份有限公司	47	太阳联合保险(中国)有限公司
18	安华农业保险股份有限公司	48	丰泰保险(亚洲)有限公司
19	太平保险有限公司	49	现代财产保险(中国)有限公司
20	上海安信农业保险股份有限公司	50	中意财产保险有限公司
21	阳光农业相互保险公司	51	日本爱和谊保险公司
22	中国人寿财产保险股份有限公司	52	法国安盟保险公司
23	华泰财产保险股份有限公司	53	安联保险公司
24	中银保险有限公司	54	东京海上日动火灾保险(中国)有限公司
25	安诚财产保险股份有限公司		
26	长安责任保险	55	中航安盟财产保险有限公司
27	紫金财产保险股份有限公司	56	日本财产保险(中国)有限公司
28	国元农业保险股份有限公司	57	三井住友海上火灾保险(中国)有限公司
29	中煤财产保险股份有限公司		
30	浙商财产保险股份有限公司	58	利宝保险有限公司

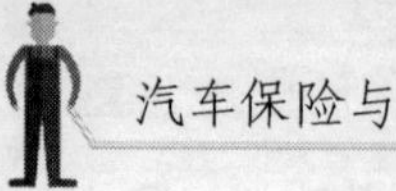

图 1-16　选保险公司的迷茫

1.5.2　保险中介

1. 保险中介定义

保险中介是指专门从事保险销售或保险理赔、业务咨询、风险管理活动安排、价值评估、损失鉴定等经营活动，并依法收取佣金或手续费的组织或个人。

保险中介的主体形式多样，主要包括保险代理人、保险经纪人和保险公估人，见图 1-17。这三类保险中介由于具有专业化、职业化、技术强、服务好的特点，适应了保险业结构调整和保险市场化发展要求的需要，所以近几年发展速度非常快。到 2013 年底，全国共有保险专业中介机构 2525 家，其中，保险中介集团公司 5 家，全国性保险专业代理机构 143 家，区域性保险专业代理机构 1624 家，保险经纪机构 438 家，保险公估机构 320 家。

(a) 保险代理人

(b) 保险经纪人

(c) 保险公估人

图 1-17　保险中介机构

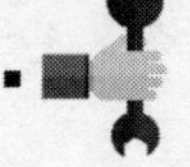

2. 保险代理人

保险代理人是根据保险人的委托,向保险人收取代理手续费,并在保险人授权的范围内代为办理保险业务的单位或者个人。

开展保险业务的保险公司必须与保险代理人签定代理合同或授权书确定其代理权限,保险代理人在进行业务活动,即推销保险产品时,是以保险公司的名义办理保险业务,保险公司必须对其代理权限范围内的业务或活动承担法律责任。

保险代理人可以分为三类:专业代理人,兼业代理人和个人代理人。

专业代理人是指从事保险代理业务的保险代理公司。在保险代理人中,它是唯一具有独立法人资格的保险代理人。

兼业代理人是指受保险人委托,在从事自身业务的同时,指定专人为保险人代办保险业务的单位。

个人代理人是指根据保险人委托,向保险人收取代理手续费,并在保险人授权范围办理保险业务的个人。

3. 保险经纪人

保险经纪人是基于投保人的利益,为投保人与保险人订立保险合同提供中介服务,并依法收取佣金的单位。

保险经纪人是为投保人参谋购买保险的人。由于保险经纪人了解保险市场行情,同时又熟知保险条件、保险费率等专业知识,因而保险经纪人的参谋,可以帮助投保人设计费用最低、保险保障程度最高的投保方案。

4. 保险公估人

保险公估人是指为保险合同中的保险人或被保险人办理保险标的的查勘、鉴定、估损、赔款理算并予以证明的受委托人。

被保险人和保险人都有权委托保险公估人办理相关事宜。

由于保险公估人通常是由具有专业知识和技术的专家担任的,且处于第三者的地位,与保险合同当事人双方以及保险标的均无经济利害关系,因此,保险公估人能保持公平独立、公正的立场,出具客观公正的公估报告,从而能最大限度地维护保险合同各方当事人的利益,易于为保险合同当事人双方所接受,有利于解决保险争议。

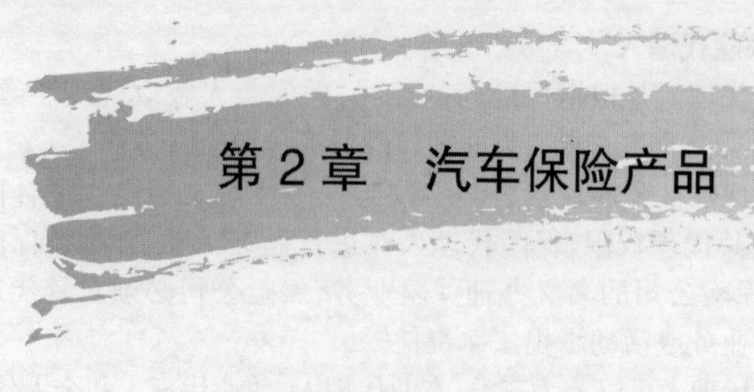

第2章　汽车保险产品

2.1　车险概述

2.1.1　购买汽车保险的必要性

在日常生活中，大部分司机朋友都目睹过交通事故带来的触目惊心的场面。实际上，风险一直都在我们的周围。

表2-1所列为我国近几年道路交通事故的次数和直接经济损失，平均每年发生事故46万多次，每1.1分钟发生1次事故，每次事故损失4300多元。除道路交通事故外，汽车事故还有很多，如盗抢事故、火灾事故、水灾事故、雹灾事故、玻璃破碎事故等，因此，汽车损失频率非常高。

表2-1　2001—2013年我国道路交通事故数据统计

年份	2001	2002	2003	2004	2005	2006	2007	2008	2009	2010	2011	2012	2013
事故次数/次	754919	773137	667507	517889	450254	378781	327209	265204	238351	219521	210812	204196	198394
直接经济损失/亿	30.88	33.24	33.69	23.91	18.84	14.90	12.00	10.10	9.14	9.26	10.79	11.75	10.39

汽车事故除了给司机朋友带来因修车或重新购车而支出大量金钱外，还有可能因承担大量的第三者赔偿责任（图2-1）而使自身生活困难、债台高筑，尤其是根据《道路交通安全法》和《最高人民法院关于审理人身损害赔偿案件适用法律若干问题的解释》的规定，对受

害人员的赔偿数额比以前有了大幅度增加(图 2-2)。

图 2-1　第三者的人身伤害

图 2-2　交通事故人身损害赔偿项目

汽车保险是以汽车本身及其第三者责任为保障范围的一种保险，是交通事故损失风险的转移，它能够切实保障司机朋友在汽车因事故造成车辆本身损失及第三者人身伤亡和财产损失时，得到一定的经济补偿，最大限度地减少道路交通事故对个人所造成的经济损失。因此,汽车保险作为汽车使用的“保护神”,倍受广大司机朋友青睐。

2.1.2 我国汽车保险险种框架

当前我国汽车保险险种框架如表2-2所列,如图2-3所示。

表2-2 当前我国汽车保险险种框架

序号	险种名称	分类	险种名称列举	特点
1	交强险	—	—	强制购买,险种单一,无选择余地
2	商业险种	主险	车辆损失险,第三者责任险,车上人员责任险,机动车盗抢险,摩托车、拖拉机保险,特种车保险,机动车提车保险	种类丰富,数量众多,根据需要,量力而行
		附加险	玻璃单独破碎险,车辆停驶损失险,自燃损失险,车上责任险,新增设备损失险,车载货物掉落责任险,不计免赔特约条款,等	

图2-3 当前我国险种框架

2.1.3 交强险与商业车险的关系

1. 交强险必须投保

《道路交通安全法》《机动车交通事故责任强制保险条例》(以下简称《条例》)等法律规定机动车所有人、管理人必须投保机动车交通事故责任强制保险，否则公安机关交通管理部门将扣留在道路上行驶的机动车，并通知机动车所有人、管理人依照规定投保，同时处依照规定投保最低责任限额应缴纳保费的 2 倍罚款。因此交强险作为车辆上道路行驶的必备条件，是必须购买的险种，这也是客户遵守法律的良好表现（图 2-4）。

图 2-4　交强险必须购买

法律规定：

《中华人民共和国道路交通安全法》第十七条：国家实行机动车第三者责任强制保险制度，设立道路交通事故社会救助基金。

《机动车交通事故责任强制保险条例》第二条：在中华人民共和国境内道路上行驶的机动车的所有人或者管理人，应当依照《中华人民共和国道路交通安全法》的规定投保机动车交通事故责任强制保险。

《机动车交通事故责任强制保险条例》第三十九条：机动车所有人、管理人未按照规定投保机动车交通事故责任强制保险的，由公安机关交通管理部门扣留机动车，通知机动车所有人、管理人依照规定投保，处依照规定投保最低责任限额应缴纳的保险费的 2 倍罚款。机动车所有人、管理人依照规定补办机动车交通事故责任强制保险的，应当及时退还机动车。

2. 商业汽车保险应量力而行

交强险只是对第三者损害的基本保障（图 2-5），对车辆损失、车上人员受伤等不予保障，即使是对第三者的赔偿许多情况下交强险也

不能完全补偿。商业险种很多,不同的险种对应不同的保险范围,投保险种越多,保障越全面,但需交保费越多,所以客户为获得保险的充足保障,对商业险应根据自身风险状况和经济实力综合考虑后选择购买。

图 2-5　因无商业保险保障而使自己债台高筑

3. 交强险与商业车险的实施方式

我国的交强险和商业汽车保险采用分离实施方式,如图 2-6 所示。分离实施是指交强险与商业汽车保险分别实施,前者按照法律规则设计,后者按照一般商业保险的原则设计,投保人分别办理,理赔时也分别办理。

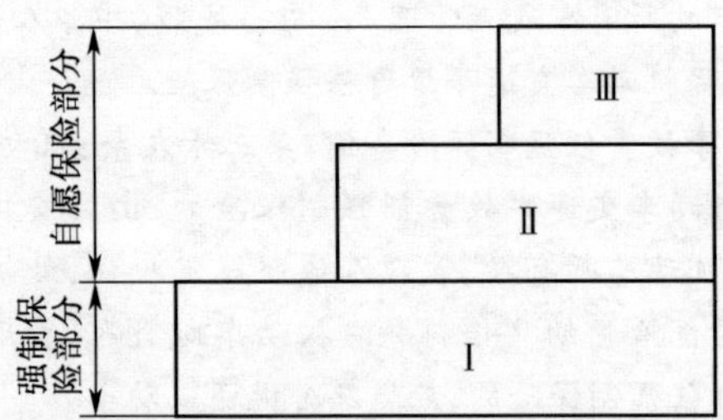

图 2-6　交强险与商业汽车保险的实施方式为分离实施

4. 商业车险主险险种与附加险种的关系

商业汽车保险险种分为主险和附加险两部分。

主险是对车辆使用过程中大多数车辆使用者经常面临的风险给予保障。

附加险是对主险保险责任的补充,它承保的一般是主险不予承保的自然灾害或意外事故。附加险不能单独承保,必须投保相应主险后才能承保。

随着汽车保险业的发展,主险险种、附加险险种都不断进行补充丰富或改革创新,使险种数量及其保障内容都大大增加。

2.2 交　强　险

2.2.1　交强险实施

1. 交强险定义

机动车交通事故责任强制保险(简称“交强险”)是我国首个由国家法律规定实行的强制保险制度。《机动车交通事故责任强制保险条例》规定:交强险是由保险公司对被保险机动车发生道路交通事故造成受害人(不包括本车人员和被保险人)的人身伤亡、财产损失,在责任限额内予以赔偿的强制性责任保险。

2. 交强险和商业三者险的差异

(1) 赔偿原则不同。根据《道路交通安全法》的规定,对机动车发生交通事故造成人身伤亡、财产损失的,由保险公司在交强险责任限额范围内予以赔偿。而商业三者险中,保险公司是根据投保人或被保险人在交通事故中应负的责任来确定赔偿责任。

(2) 保障范围不同。除了《条例》规定的个别事项外,交强险的赔偿范围几乎涵盖了所有道路交通责任风险。而商业三者险中,保险公司不同程度地规定有免赔额、免赔率或责任免除事项。

(3) 具有强制性。根据《条例》规定,机动车的所有人或管理人都应当投保交强险,同时,保险公司不能拒绝承保、不得拖延承保和不得随意解除合同。

(4) 根据《条例》规定,交强险实行全国统一的保险条款和基础费

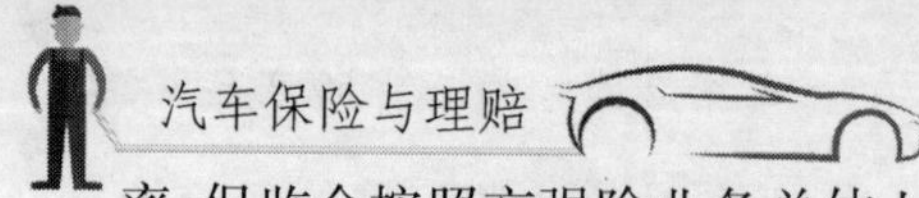

率，保监会按照交强险业务总体上“不盈利不亏损”的原则审批费率。

（5）交强险实行分项责任限额。

2.2.2 交强险条款规定

1. 交强险的保险责任

在中华人民共和国境内（不含港、澳、台地区），被保险人在使用被保险机动车过程中发生交通事故，致使受害人遭受人身伤亡或者财产损失，依法应当由被保险人承担的损害赔偿责任，保险人按照交强险合同的约定对每次事故在相应赔偿限额内负责赔偿。

2. 交强险的责任限额

交强险责任限额是指被保险机动车发生道路交通事故，保险公司对每次保险事故所有受害人的人身伤亡和财产损失所承担的最高赔偿金额。

目前我国交强险责任限额如表2-3所列。

表2-3 交强险赔偿限额

赔偿限额名称		赔偿限额数额/元
总赔偿限额		122000
其中	死亡伤残赔偿限额	110000
	医疗费用赔偿限额	10000
	财产损失赔偿限额	2000
	无责任死亡伤残赔偿限额	11000
	无责任医疗费用赔偿限额	1000
	无责任财产损失赔偿限额	100
注：交强险规定无责任也要履行赔偿义务		

3. 交强险死亡伤残赔偿限额负责赔偿的项目

死亡伤残赔偿限额和无责任死亡伤残赔偿限额项下负责赔偿：丧葬费、死亡补偿费、受害人亲属办理丧葬事宜支出的交通费用、残疾赔偿金、残疾辅助器具费、护理费、康复费、交通费、被抚养人生活费、住宿费、误工费，被保险人依照法院判决或者调解承担的精神损害抚

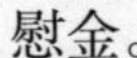

慰金。

4. 交强险医疗费用赔偿限额负责赔偿的项目

医疗费用赔偿限额和无责任医疗费用赔偿限额项下负责赔偿医药费、诊疗费、住院费、住院伙食补助费,必要的、合理的后续治疗费、整容费、营养费。

5. 交强险垫付抢救费用的情形

被保险机动车在下述之一的情形下发生交通事故,造成受害人受伤需要抢救的,保险人在医疗费用赔偿限额内垫付。四种情形分别为:

(1) 驾驶人未取得驾驶资格的;

(2) 驾驶人醉酒的;

(3) 被保险机动车被盗抢期间肇事的;

(4) 被保险人故意制造交通事故的。

6. 交强险的责任免除范围

交强险不负责赔偿和垫付的损失和费用,具体为:

(1) 因受害人故意造成的交通事故的损失;

(2) 被保险人所有的财产及被保险机动车上的财产遭受的损失;

(3) 被保险机动车发生交通事故,致使受害人停业、停驶、停电、停水、停气、停产、通信或者网络中断、数据丢失、电压变化等造成的损失以及受害人财产因市场价格变动造成的贬值、修理后因价值降低造成的损失等其他各种间接损失;

(4) 因交通事故产生的仲裁或者诉讼费用以及其他相关费用。

7. 投保短期交强险的情形

有下列情形之一的,投保人可以投保短期保险:

(1) 临时入境的境外机动车;

(2) 距报废期限不足一年的机动车;

(3) 临时上道路行驶的机动车;

(4) 保监会规定的其他情形。

2.2.3 交强险费率规定

1. 交强险基础费率将机动车分为八大类

目前,我国采用的交强险基础费率如表 2-4 所列,费率表中把机动车按种类、使用性质分为家庭自用车、非营业客车、营业客车、非营业货车、营业货车、特种车、摩托车和拖拉机 8 种类型。

(1) 家庭自用车:是指家庭或个人所有,且用途为非营业性的客车。

(2) 非营业客车:是指党政机关、企事业单位、社会团体、使领馆等机构从事公务或在生产经营活动中不以直接或间接方式收取运费或租金的客车,包括党政机关、企事业单位、社会团体、使领馆等机构为从事公务或在生产经营活动中承租且租赁期限为 1 年或 1 年以上的客车。

非营业客车分为:党政机关、事业团体客车,企业客车。

用于驾驶教练、邮政公司用于邮递业务、快递公司用于快递业务的客车、警车、普通囚车、医院的普通救护车、殡葬车按照其行驶证上载明的核定载客数,适用对应的企业非营业客车的费率。

(3) 营业客车:是指用于旅客运输或租赁,并以直接或间接方式收取运费或租金的客车。

营业客车分为:城市公交客车,公路客运客车,出租、租赁客车。

旅游客运车按照其行驶证上载明的核定载客数,适用对应的公路客运车费率。

(4) 非营业货车:是指党政机关、企事业单位、社会团体自用或仅用于个人及家庭生活,不以直接或间接方式收取运费或租金的货车(包括客货两用车)。货车是指载货机动车、厢式货车、半挂牵引车、自卸车、电瓶运输车、装有起重机械但以载重为主的起重运输车。

用于驾驶教练、邮政公司用于邮递业务、快递公司用于快递业务的货车按照其行驶证上载明的核定载质量,适用对应的非营业货车的费率。

(5) 营业货车:是指用于货物运输或租赁,并以直接或间接方式收取运费或租金的货车(包括客货两用车)。货车是指载货机动车、厢式货车、半挂牵引车、自卸车、电瓶运输车、装有起重机械但以载重为主的起重运输车。

(6) 特种车:是指用于各类装载油料、气体、液体等专用罐车;或用于清障、清扫、清洁、起重、装卸(不含自卸车)、升降、搅拌、挖掘、推土、压路等的各种专用机动车,或适用于装有冷冻或加温设备的厢式机动车;或车内装有固定专用仪器设备,从事专业工作的监测、消防、运钞、医疗、电视转播、雷达、X 光检查等机动车;或专门用于牵引集装箱箱体(货柜)的集装箱拖头。

特种车按其用途共分成 4 类,不同类型机动车采用不同收费标准:

特种车一:油罐车、汽罐车、液罐车;

特种车二:专用净水车、特种车一以外的罐式货车,以及用于清障、清扫、清洁、起重、装卸(不含自卸车)、升降、搅拌、挖掘、推土、冷藏、保温等的各种专用机动车;

特种车三:装有固定专用仪器设备从事专业工作的监测、消防、运钞、医疗、电视转播等的各种专用机动车;

特种车四:集装箱拖头。

(7) 摩托车:是指以燃料或电瓶为动力的各种两轮、三轮摩托车。

摩托车分三类:50CC 及以下,50~250CC,250CC 以上及侧三轮。

正三轮摩托车按照排气量分类执行相应的费率。

(8) 拖拉机按其使用性质分为兼用型拖拉机和运输型拖拉机。

兼用型拖拉机是指以田间作业为主,通过铰接连接牵引挂车可进行运输作业的拖拉机。兼用型拖拉机分为 14.7kW 及以下和 14.7kW 以上两种。

运输型拖拉机是指货箱与底盘一体,不通过牵引挂车可运输作业的拖拉机。运输型拖拉机分为 14.7kW 及以下和 14.7kW 以上两种。

2. 各类型机动车的交强险基础费率

目前,我国施行交强险的基础费率如表 2-4 所列。

表 2-4 机动车交通事故责任强制保险基础费率表

车辆大类	序号	车辆明细分类	保费/元
一、家庭自用车	1	家庭自用汽车 6 座以下	950
	2	家庭自用汽车 6 座及以上	1100
二、非营业客车	3	企业非营业汽车 6 座以下	1000
	4	企业非营业汽车 6~10 座	1130
	5	企业非营业汽车 10~20 座	1220
	6	企业非营业汽车 20 座以上	1270
	7	机关非营业汽车 6 座以下	950
	8	机关非营业汽车 6~10 座	1070
	9	机关非营业汽车 10~20 座	1140
	10	机关非营业汽车 20 座以上	1320
三、营业客车	11	营业出租租赁 6 座以下	1800
	12	营业出租租赁 6~10 座	2360
	13	营业出租租赁 10~20 座	2400
	14	营业出租租赁 20~36 座	2560
	15	营业出租租赁 36 座以上	3530
	16	营业城市公交 6~10 座	2250
	17	营业城市公交 10~20 座	2520
	18	营业城市公交 20~36 座	3020
	19	营业城市公交 36 座以上	3140
	20	营业公路客运 6~10 座	2350
	21	营业公路客运 10~20 座	2620
	22	营业公路客运 20~36 座	3420
	23	营业公路客运 36 座以上	4690
四、非营业货车	24	非营业货车 2 吨以下	1200
	25	非营业货车 2~5 吨	1470
	26	非营业货车 5~10 吨	1650
	27	非营业货车 10 吨以上	2220

（续）

车辆大类	序号	车辆明细分类	保费/元
五、营业货车	28	营业货车 2 吨以下	1850
	29	营业货车 2~5 吨	3070
	30	营业货车 5~10 吨	3450
	31	营业货车 10 吨以上	4480
六、特种车	32	特种车一	3710
	33	特种车二	2430
	34	特种车三	1080
	35	特种车四	3980
七、摩托车	36	摩托车 50CC 及以下	80
	37	摩托车 50CC~250CC(含)	120
	38	摩托车 250CC 以上及侧三轮	400
八、拖拉机	39	兼用型拖拉机 14.7kW 及以下	按保监产险［2007］53 号实行地区差别费率
	40	兼用型拖拉机 14.7kW 以上	
	41	运输型拖拉机 14.7kW 及以下	
	42	运输型拖拉机 14.7kW 以上	

注:①座位和吨位的分类都按照“含起点不含终点”的原则来解释。

②以上各车型的座位按行驶证上载明的核定载客数计算;吨位按行驶证上载明的核定载质量计算。

③低速载货汽车参照运输型拖拉机 14.7kW 以上的费率执行。

④挂车根据实际的使用性质并按照对应吨位货车的 30%计算。装置有油罐、汽罐、液罐的挂车按特种车的 30%计算

3. 拖拉机交强险费率

2007 年 1 月 22 日中国保监会日公告了《拖拉机交强险费率方案》。方案显示,拖拉机交强险基础费率因地而异、因车型而异,具体如表 2－5 所列。

表2-5　拖拉机交强险费率方案　　(单位:元)

省份	兼用型 14.7kW 及以下	兼用型 14.7kW 以上	运输型 14.7kW 及以下	运输型 14.7kW 以上
北京	60	90	400	560
天津	60	90	400	560
河北	60	90	400	560
山西	60	90	340	480
内蒙古	50	80	280	340
辽宁	60	90	340	560
吉林	60	90	340	560
黑龙江	60	90	340	560
上海	60	90	340	560
江苏	80	120	540	700
浙江	80	120	540	700
安徽	70	110	540	700
福建	70	110	400	560
江西	70	110	460	640
山东	70	110	460	640
河南	70	110	460	640
湖北	70	110	460	640
湖南	70	110	460	640
广东	60	90	400	560
广西	60	90	340	480
海南	60	90	340	480
重庆	60	90	400	560
四川	60	90	400	560
贵州	60	90	400	560
云南	60	90	400	560
西藏	50	80	280	340
陕西	60	90	400	560
甘肃	60	90	400	560
青海	50	80	340	480
宁夏	60	90	400	560
新疆	50	80	280	340
注:深圳、宁波、大连、青岛、厦门等计划单列市执行本省费率				

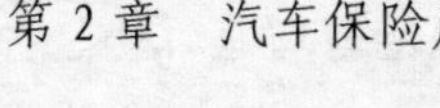

4. 交强险基础保险费的计算

1）一年期基础保险费的计算

投保一年期机动车交通事故责任强制保险的，根据《机动车交通事故责任强制保险基础费率表》中相对应的金额确定基础保险费。

2）短期基础保险费的计算

投保保险期间不足一年的机动车交通事故责任强制保险的，按短期费率系数计收保险费，不足一个月按一个月计算。

具体为：先按《机动车交通事故责任强制保险基础费率表》中相对应的金额确定基础保险费，再根据投保期限选择相对应的短期月费率系数，两者相乘即为短期基础保险费，即

短期基础保险费＝年基础保险费×短期月费率系数

保险期限 1—12 个月的短期月费率系数分别为 10%、20%、30%、40%、50%、60%、70%、80%、85%、90%、95%、100%。

5. 交强险费率浮动比率

交强险费率浮动因素及比率如表 2－6 所列。

表 2－6　交强险费率浮动暂行办法考虑因素及比率

浮动因素			浮动比率
与道路交通事故相联系的浮动 A	A1	上一个年度未发生有责任道路交通事故	−10%
	A2	上两个年度未发生有责任道路交通事故	−20%
	A3	上三个及以上年度未发生有责任道路交通事故	−30%
	A4	上一个年度发生一次有责任不涉及死亡的道路交通事故	0
	A5	上一个年度发生两次及两次以上有责任道路交通事故	10%
	A6	上一个年度发生有责任道路交通死亡事故	30%

6. 交强险最终保险费计算

先根据基础费率方案计算出基础保险费，再根据费率浮动办法计算出与道路交通事故相联系的浮动比率，两者相乘即为最终保险

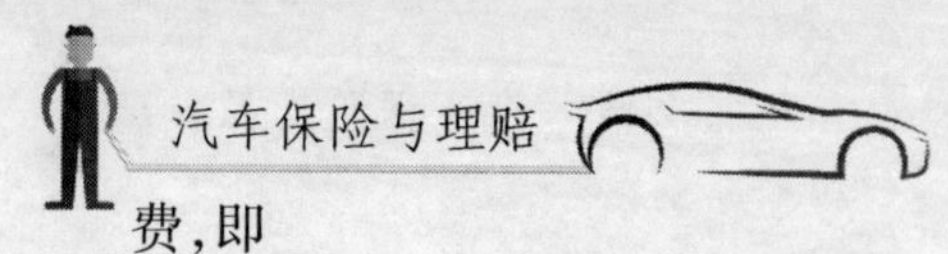

费,即

最终保险费=基础保险费×(1+与道路交通事故相联系的浮动比率)

7. 交强险费率浮动告知单

费率浮动告知单如表2-7所列。

表2-7 机动车交通事故责任强制保险费率浮动告知单

机动车交通事故责任强制保险费率浮动告知单

尊敬的投保人:

您的机动车投保基本信息如下:

车牌号码: 号牌种类:

发动机号: 识别代码(车架号):

浮动因素计算区间: 年 月 日零时至 年 月 日二十四时

根据中国保险监督管理委员会批准的机动车交通事故责任强制保险(以下简称交强险)费率,您的机动车交强险基础保险费是:人民币 元。

您的机动车从上年度投保以来至今,发生的有责任道路交通事故记录如下:

序号	赔付时间	是否造成受害人死亡

或者:您的机动车在上 个年度内未发生道路交通事故。

根据中国保险监督管理委员会公布的《机动车交通事故责任强制保险费率浮动暂行办法》,与道路交通事故相联系的费率浮动比率为: %。

交强险最终保险费=交强险基础保险费×(1+与道路交通事故相联系的浮动比率)

本次投保的应交保险费:人民币 元(大写:)

以上告知,如无异议,请您签字(签章)确认。

投保人签字(盖章):________

日期:____年___月___日

8. 交强险解除保险合同时保费计算

根据《机动车交通事故责任强制保险条例》规定解除保险合同时，保险人应按如下标准计算退还投保人保险费：

(1)投保人已交纳保险费,但保险责任尚未开始的,全额退还保险费；

(2)投保人已交纳保险费,但保险责任已开始的,退回未到期责任部分保险费：

退还保险费=保险费×(1-已了责任天数/保险期间天数)

2.3　商　业　险

2.3.1　常见商业车险险种

目前我国商业车险险种数量非常多,如图 2－7 所示。人保、平保、太保三大公司的车险险种如表 2－8 所列。

图 2－7　险种众多

表 2-8　2009 年 10 月 1 日我国人保、平保、太保三大公司施行的商业险种

名称	中国人民财产保险股份有限公司	中国平安财产保险股份有限公司	中国太平洋财产保险股份有限公司
条款	选用 A 条款	选用 B 条款	选用 C 条款
主险	第三者责任保险 家庭自用汽车损失保险 非营业用汽车损失保险 营业用汽车损失保险 特种车保险 摩托车、拖拉机保险 机动车车上人员责任保险 机动车盗抢保险 机动车提车保险 “幸福康庄”农用机动车车载人员安全责任保险 “尊贵人生”机动车保险 安徽江淮汽车集团有限公司专用货车提车保险 广东、深圳分公司免税机动车关税责任险	商业第三者责任保险 车辆损失险 全车盗抢险 车上人员责任险 机动车单程提车保险 摩托车、拖拉机保险	机动车损失保险 第三者责任保险 车上人员责任险 全车盗抢损失险 单程提车损失保险 单程提车三者险 摩托车、拖拉机保险

（续）

名称	中国人民财产保险股份有限公司	中国平安财产保险股份有限公司	中国太平洋财产保险股份有限公司
条款	选用A条款	选用B条款	选用C条款
附加险、特约条款	玻璃单独破碎险 车身划痕损失险 可选免赔额特约条款 不计免赔率特约条款 火灾、爆炸、自燃损失险 自燃损失险 新增加设备损失保险 发动机特别损失险 机动车停驶损失险 代步机动车服务特约条款 更换轮胎服务特约条款 送油、充电服务特约条款 拖车服务特约条款 换件特约条款 随车行李物品损失保险条款 新车特约条款A 新车特约条款B 车上货物责任险 交通事故精神损害赔偿责任保险 教练车特约条款 油污污染责任保险 机动车出境保险 异地出险住宿费特约条款 特种车保险批单01起重、装卸、挖掘车辆损失扩展条款 特种车保险批单02特种车辆固定设备、仪器损坏扩展条款 多次出险增加免赔率特约条款 约定区域通行费用特约条款 指定专修厂特约条款 租车人人车失踪险 法律费用特约条款 广东、深圳分公司粤港、粤澳两地车区域扩展条款	玻璃单独破碎险条款 车身划痕损失险条款 自燃损失险条款 车辆停驶损失险条款 代步车费用险条款 新增加设备损失险条款 车上货物责任险条款 车载货物掉落责任险条款 油污污染责任险条款 交通事故精神损害赔偿险条款 全车盗抢附加高尔夫球具盗窃险条款 涉水行驶损失险条款 随车行李物品损失险条款 保险事故附随费用损失险条款 车辆重置特约险条款A 车辆重置特约险条款B 换件特约险条款 系安全带补偿特约险条款 指定专修厂特约条款 特种车特约条款 多次事故免赔特约条款 基本险不计免赔率特约条款 附加险不计免赔率特约条款 摩托车、拖拉机全车盗抢险 摩托车、拖拉机不计免赔率特约条款 单程提车不计免赔率特约条款	自燃损失险 玻璃单独破碎险 新增设备损失险 车身油漆单独损伤险 涉水损失险 零部件、附属设备被盗窃险 车上货物责任险 精神损害抚慰金责任险 随车携带物品责任险 特种车车辆损失扩展险 特种车固定机具、设备损失险 免税车辆关税责任险 道路污染责任险 车损免赔额特约条款 救援费用特约条款 修理期间费用补偿特约条款 事故附随费用特约条款 更换新车特约条款 多次事故免赔率特约条款 使用安全带特约条款 基本险不计免赔特约条款 附加险不计免赔特约条款 法律服务特约条款 节假日行驶区域扩展特约条款 指定专修厂特约条款 换件特约条款

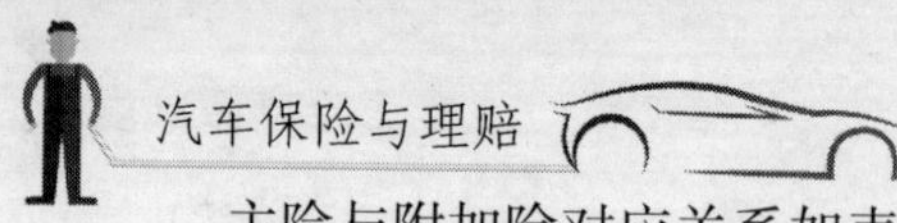

主险与附加险对应关系如表2-9所列。

表2-9 主险与附加险对应关系

主险	车辆损失险	第三者责任险	同时投保车辆损失险、第三者责任险	车上人员责任险	同时投保第三者责任险、车上人员责任险
附加险	玻璃单独破碎险 自燃损失险 车身划痕损失险 新增加设备损失保险 发动机特别损失险 可选免赔额特约条款 不计免赔率特约条款 机动车停驶损失险 代步机动车服务特约条款 换件特约条款 更换轮胎服务特约条款 送油、充电服务特约条款 拖车服务特约条款 随车行李物品损失保险条款 新车特约条款A 新车特约条款B	不计免赔率特约条款	油污污染责任保险 机动车出境保险 异地出险住宿费特约条款		交通事故精神损害赔偿责任保险
注:投保险种主险、附加险由各财产保险公司自定,非全国统一体系					

2.3.2 第三者责任险

1."第三者"含义

第三者是指因被保险机动车发生意外事故遭受人身伤亡或者财产损失的人,但不包括投保人、被保险人、保险人和保险事故发生时被保险机动车本车上的人员。

通俗的说,在保险合同中,保险公司是第一方,也叫第一者;被保险人或致害人是第二方,也叫第二者;除保险公司与被保险人之外的、因保险车辆的意外事故而遭受人身伤害或财产损失的受害人是第三方,也叫第三者。

2. 第三者责任保险的保险责任

保险期间内,被保险人或其允许的合法驾驶人在使用被保险机动车过程中发生意外事故,致使第三者遭受人身伤亡(图 2-8)或财产直接损毁,依法应当由被保险人承担的损害赔偿责任,保险人依照保险合同的约定,对于超过机动车交通事故责任强制保险各分项赔偿限额以上的部分负责赔偿。

图 2-8　第三者人员受伤

3. 第三者责任保险的责任免除

(1) 被保险机动车造成下列人身伤亡或财产损失,不论在法律上是否应当由被保险人承担赔偿责任,保险人均不负责赔偿:

① 被保险人及其家庭成员的人身伤亡、所有或代管的财产的损失;

② 被保险机动车本车驾驶人及其家庭成员的人身伤亡、所有或代管的财产的损失;

③ 被保险机动车本车上其他人员的人身伤亡或财产损失。

(2) 下列情况下,不论任何原因造成的对第三者的损害赔偿责任,保险人均不负责赔偿:

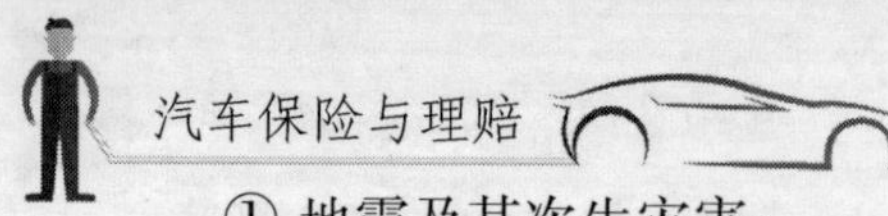

① 地震及其次生灾害；

② 战争、军事冲突、恐怖活动、暴乱、扣押、收缴、没收、政府征用；

③ 竞赛、测试、教练，在营业性维修、养护场所修理、养护期间；

④ 利用被保险机动车从事违法活动；

⑤ 驾驶人饮酒、吸食或注射毒品、被药物麻醉后使用被保险机动车；

⑥ 事故发生后，被保险人或其允许的驾驶人在未依法采取措施的情况下驾驶被保险机动车或者遗弃被保险机动车逃离事故现场，或故意破坏、伪造现场、毁灭证据；

⑦ 驾驶人有下列情形之一者：

a. 无驾驶证或驾驶证有效期已届满；

b. 驾驶的被保险机动车与驾驶证载明的准驾车型不符；

c. 实习期内驾驶公共汽车、营运客车或者载有爆炸物品、易燃易爆化学物品、剧毒或者放射性等危险物品的被保险机动车，实习期内驾驶的被保险机动车牵引挂车；

d. 持未按规定审验的驾驶证，以及在暂扣、扣留、吊销、注销驾驶证期间驾驶被保险机动车；

e. 使用各种专用机械车、特种车的人员无国家有关部门核发的有效操作证，驾驶营运客车的驾驶人无国家有关部门核发的有效资格证书；

f. 依照法律法规或公安机关交通管理部门有关规定不允许驾驶被保险机动车的其他情况下驾车。

⑧ 非被保险人允许的驾驶人使用被保险机动车；

⑨ 被保险机动车转让他人，被保险人、受让人未履行保险合同规定的通知义务，且因转让导致被保险机动车危险程度显著增加而发生保险事故；

⑩ 除另有约定外，发生保险事故时被保险机动车无公安机关交通管理部门核发的行驶证或号牌，或未按规定检验或检验不合格；

⑪ 被保险机动车拖带未投保机动车交通事故责任强制保险的机动车（含挂车）或被未投保机动车交通事故责任强制保险的其他机动

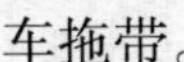

车拖带。

（3）下列损失和费用，保险人不负责赔偿：

① 被保险机动车发生意外事故，致使第三者停业、停驶、停电、停水、停气、停产、通信或者网络中断、数据丢失、电压变化等造成的损失以及其他各种间接损失；

② 精神损害赔偿；

③ 因污染（含放射性污染）造成的损失；

④ 第三者财产因市场价格变动造成的贬值、修理后价值降低引起的损失；

⑤ 被保险机动车被盗窃、抢劫、抢夺期间造成第三者人身伤亡或财产损失；

⑥ 被保险人或驾驶人的故意行为造成的损失；

⑦ 仲裁或者诉讼费用以及其他相关费用。

（4）应当由机动车交通事故责任强制保险赔偿的损失和费用，保险人不负责赔偿。

保险事故发生时，被保险机动车未投保机动车交通事故责任强制保险或机动车交通事故责任强制保险合同已经失效的，对于机动车交通事故责任强制保险各分项赔偿限额以内的损失和费用，保险人不负责赔偿。

（5）其他不属于保险责任范围内的损失和费用。

术语解释：

① 次生灾害：地震造成工程结构、设施和自然环境破坏而引发的火灾、爆炸、瘟疫、有毒有害物质污染、海啸、水灾、泥石流、滑坡等灾害。

② 竞赛：指被保险机动车作为赛车参加车辆比赛活动，包括以参加比赛为目的进行的训练活动。

③ 测试：指对被保险机动车的性能和技术参数进行测量或试验。

④ 教练：指尚未取得合法机动车驾驶证，但已通过合法教练机构办理正式学车手续的学员，在固定练习场所或指定路线，并有合格教练随车指导的情况下驾驶被保险机动车。

⑤ 污染：指被保险机动车正常使用过程中或发生事故时，由于油料、尾气、货物或其他污染物的泄漏、飞溅、排放、散落等造成的污损、状况恶化或人身伤亡。

⑥ 被盗窃、抢劫、抢夺期间:指被保险机动车被盗窃、抢劫、抢夺过程中及全车被盗窃、抢劫、抢夺后至全车被追回。

⑦ 转让:指以转移所有权为目的,处分被保险机动车的行为。被保险人以转移所有权为目的,将被保险机动车交付他人,但未按规定办理转移(过户)登记的,视为转让。

4. 第三者责任险的责任限额

(1) 每次事故的责任限额,由投保人和保险人在签订本保险合同时按保险监管部门批准的限额档次协商确定。常见的限额档次有:5万元、10万元、15万元、20万元、30万元、50万元、100万元、100万元以上(须是50万元的整数倍)。

(2) 主车和挂车连接使用时视为一体,发生保险事故时,由主车保险人和挂车保险人按照保险单上载明的机动车第三者责任保险责任限额的比例,在各自的责任限额内承担赔偿责任,但赔偿金额总和以主车的责任限额为限。

5. 第三者责任险保费计算

以2009年10月1日后中国人民财产保险股份有限公司北京区域机动车商业保险费率表为例进行介绍,下同。

按照被保险人类别、车辆用途、座位数/吨位数/排量/功率、责任限额直接查找保费。

挂车根据实际的使用性质并按照对应吨位货车的30%计算。

联合收割机保险费按兼用型拖拉机14.7kW以上计收。

例2-1 一辆北京地区的家庭自用轿车(5座位、车龄:1年以下)投保第三者责任险,责任限额10万元,试计算保险费。

查表2-10,得该车的第三者责任险保费为877元。

由表2-10还知,当责任限额为50万元时,保费为1472元,比责任限额10万元时保费只是增长了595元,如果再考虑费率调整系数给予的各种优惠,以7折计算,此时保费仅多出416元,所以责任限额应尽量高些。

表 2-10　第三者责任保险费率表

家庭自用汽车与非营业用车		责任限额/元						
		5 万	10 万	15 万	20 万	30 万	50 万	100 万
家庭自用汽车	6 座以下	607	877	999	1087	1226	1472	1917
	6~10 座	562	792	895	965	1081	1287	1676
	10 座以上	562	792	895	965	1081	1287	1676
企业非营业客车	6 座以下	668	942	1065	1148	1287	1531	1994
	6~10 座	620	883	1001	1083	1216	1453	1892
	10~20 座	731	1044	1186	1284	1445	1727	2249
	20 座以上	856	1262	1449	1585	1799	2172	2829
党政机关、事业团体非营业客车	6 座以下	568	801	905	976	1093	1301	1695
	6~10 座	544	766	866	935	1047	1245	1622
	10~20 座	650	915	1034	1115	1249	1487	1936
	20 座以上	893	1257	1422	1533	1717	2044	2661
非营业货车	2 吨以下	775	1092	1235	1332	1491	1775	2313
	2~5 吨	1014	1466	1671	1817	2052	2463	3209
	5~10 吨	1276	1819	2065	2235	2513	3004	3911
	10 吨以上	1758	2477	2801	3020	3382	4027	5243
	低速载货汽车	660	929	1050	1132	1268	1509	1966
营业用车与特种车		责任限额/元						
		5 万	10 万	15 万	20 万	30 万	50 万	100 万
出租、租赁营业客车	6 座以下	1307	1974	2294	2510	2913	3691	4855
	6~10 座	1312	1981	2302	2519	2922	3704	4872
	10~20 座	1388	2128	2486	2735	3190	4064	5345
	20~36 座	1866	2946	3474	3857	4538	5831	7671
	36 座以上	2995	4626	5418	5973	6982	8912	11723
城市公交营业客车	6~10 座	1270	1916	2227	2437	2827	3583	4714
	10~20 座	1414	2134	2480	2714	3149	3990	5248
	20~36 座	1961	3015	3525	3880	4528	5772	7593
	36 座以上	2707	4276	5043	5598	6587	8464	11133

（续）

营业用车与特种车		责任限额/元						
		5万	10万	15万	20万	30万	50万	100万
公路客运营业客车	6~10座	1243	1875	2180	2385	2767	3507	4612
	10~20座	1384	2089	2429	2657	3082	3906	5139
	20~36座	2036	3074	3573	3910	4535	5748	7561
	36座以上	3055	4611	5359	5864	6803	8622	11340
营业货车	2吨以下	1219	1901	2237	2463	2900	3635	4747
	2~5吨	1962	3060	3599	3963	4666	5850	7640
	5~10吨	2251	3511	4131	4549	5356	6714	8769
	10吨以上	3086	4813	5662	6235	7341	9202	12018
	低速载货汽车	1036	1615	1900	2093	2463	3088	4034
特种车	特种车型一	2834	4539	5387	5983	7104	8980	11728
	特种车型二	1363	1755	1983	2193	2658	3482	5131
	特种车型三	624	817	927	1031	1253	1647	2413
	特种车型四	2693	4312	5117	5983	7459	9429	12315
摩托车与拖拉机		责任限额/元						
		5万	10万	15万	20万	30万	50万	100万
摩托车	50CC及以下	37	48	55	61	73	96	139
	50~250CC(含)	51	69	78	88	106	140	205
	250CC以上及侧三轮	88	112	126	140	169	218	318
拖拉机	兼用型拖拉机14.7kW及以下	77	97	108	116	127	148	193
	兼用型拖拉机14.7kW以上	211	268	301	325	358	420	547
	运输型拖拉机14.7kW及以下	186	232	259	279	306	357	463
	运输型拖拉机14.7kW以上	305	387	435	469	517	606	791

（续）

摩托车与拖拉机	责任限额/元						
	5 万	10 万	15 万	20 万	30 万	50 万	100 万
备注	如果责任限额为 100 万元以上，则保险费 = $A+0.9\times N\times(A-B)$，式中 A 指同档次限额为 100 万元时的保险费 B 指同档次限额为 50 万元时的保险费；N =（限额－100 万）/50 万元，限额必须是 50 万元的整数倍						

2.3.3　汽车损失保险

1. 家庭自用汽车损失保险的保险责任（图 2－9）

图 2－9　车损险保障自己的车辆，非常必要

（1）保险期间内，被保险人或其允许的合法驾驶人在使用被保险机动车过程中，因下列原因造成被保险机动车的损失，保险人依照保险合同的约定负责赔偿：

① 碰撞（图 2－10）、倾覆（图 2－11）、坠落；

② 火灾、爆炸；

③ 外界物体坠落、倒塌；

④ 暴风、龙卷风；

图 2-10　碰撞事故

图 2-11　倾覆事故

⑤ 雷击、雹灾、暴雨、洪水、海啸；

⑥ 地陷、冰陷、崖崩、雪崩、泥石流、滑坡；

⑦ 载运被保险机动车的渡船遭受自然灾害（只限于驾驶人随船的情形）。

（2）发生保险事故时，被保险人为防止或者减少被保险机动车的损失所支付的必要的、合理的施救费用，由保险人承担，最高不超过保险金额的数额。

术语解释：

① 碰撞：指被保险机动车与外界物体直接接触并发生意外撞击、产生撞击痕迹的现象。包括被保险机动车按规定载运货物时，所载货物与外界物体的意外撞击。

② 倾覆：指意外事故导致被保险机动车翻倒（两轮以上离地、车体触地），处于失去正常状态和行驶能力、不经施救不能恢复行驶的状态。

③ 坠落：指被保险机动车在行驶中发生意外事故，整车腾空后下落，造成本车损失的情况。非整车腾空，仅由于颠簸造成被保险机动车损失的，不属坠落责任。

④ 火灾：指被保险机动车本身以外的火源引起的、在时间或空间上失去控制的燃烧（即有热、有光、有火焰的剧烈的氧化反应）所造成的灾害。

⑤ 暴风：指风速在 28.5 米/秒（相当于 11 级大风）以上的大风。风速以气象部门公布的数据为准。

⑥ 地陷：指地壳因为自然变异、地层收缩而发生突然塌陷以及海潮、河流、大雨侵蚀时，地下有孔穴、矿穴，以致地面突然塌陷。

2. 家庭自用汽车损失保险的责任免除

（1）下列情况下，不论任何原因造成被保险机动车损失，保险人均不负责赔偿：

① 地震及其次生灾害；

② 战争、军事冲突、恐怖活动、暴乱、扣押、收缴、没收、政府征用；

③ 竞赛、测试，在营业性维修、养护场所修理、养护期间；

④ 利用被保险机动车从事违法活动；

⑤ 驾驶人饮酒（图 2－12）、吸食或注射毒品、被药物麻醉后使用被保险机动车；

图 2－12　车损险拒赔——饮酒开车

⑥ 事故发生后，被保险人或其允许的驾驶人在未依法采取措施的情况下驾驶被保险机动车或者遗弃被保险机动车逃离事故现场，或故意破坏、伪造现场、毁灭证据；

⑦ 驾驶人有下列情形之一者：

a. 无驾驶证或驾驶证有效期已届满；

b. 驾驶的被保险机动车与驾驶证载明的准驾车型不符；

c. 持未按规定审验的驾驶证，以及在暂扣、扣留、吊销、注销驾驶证期间驾驶被保险机动车；

d. 依照法律法规或公安机关交通管理部门有关规定不允许驾驶被保险机动车的其他情况下驾车。

⑧ 非被保险人允许的驾驶人使用被保险机动车；

⑨ 被保险机动车转让他人，被保险人、受让人未履行本保险合同规定的通知义务，且因转让导致被保险机动车危险程度显著增加而发生保险事故；

⑩ 除另有约定外，发生保险事故时被保险机动车无公安机关交通管理部门核发的行驶证或号牌，或未按规定检验或检验不合格。

(2) 被保险机动车的下列损失和费用，保险人不负责赔偿：

① 自然磨损、朽蚀、腐蚀、故障；

② 玻璃单独破碎，车轮单独损坏；

③ 无明显碰撞痕迹的车身划痕（图2-13）；

图2-13　车损险拒赔——车身划痕

④ 人工直接供油、高温烘烤造成的损失；

⑤ 自燃（图2-14）以及不明原因火灾造成的损失；

⑥ 遭受保险责任范围内的损失后，未经必要修理继续使用被保险机动车，致使损失扩大的部分；

⑦ 因污染（含放射性污染）造成的损失；

⑧ 市场价格变动造成的贬值、修理后价值降低引起的损失；

⑨ 标准配置以外新增设备的损失；

⑩ 发动机进水后导致的发动机损坏（图2-15）；

图 2-14　车损险拒赔——自燃

图 2-15　车损险拒赔——发动机进水导致的损坏

⑪ 被保险机动车所载货物坠落、倒塌、撞击、泄漏造成的损失；

⑫ 被盗窃、抢劫、抢夺，以及因被盗窃、抢劫、抢夺受到损坏或车上零部件、附属设备丢失；

⑬ 被保险人或驾驶人的故意行为造成的损失（图 2-16）；

⑭ 应当由机动车交通事故责任强制保险赔偿的金额。

（3）其他不属于保险责任范围内的损失和费用。

图 2-16　故意行为造成损失

术语解释：

① 玻璃单独破碎：指未发生被保险机动车其他部位的损坏，仅发生被保险机动车前后风挡玻璃和左右车窗玻璃的损坏。

② 车轮单独损坏：指未发生被保险机动车其他部位的损坏，仅发生轮胎、轮辋、轮毂罩的分别单独损坏，或上述三者之中任意二者的共同损坏，或三者的共同损坏。

③ 自燃：指在没有外界火源的情况下，由于本车电器、线路、供油系统、供气系统等被保险机动车自身原因发生故障或所载货物自身原因起火燃烧。

3. 非营业用汽车损失保险的保险责任

非营业用汽车损失保险的保险责任与家庭自用汽车损失保险的保险责任相比，列明风险中增加了“自燃”这一情况，其他相同。

4. 非营业用汽车损失保险责任免除

该部分与家庭自用汽车损失保险相比，增加了部分责任免除规定：

（1）实习期内驾驶执行任务的警车、消防车、救护车、工程救险车以及载有爆炸物品、易燃易爆化学物品、剧毒或者放射性等危险物品的被保险机动车，实习期内驾驶的被保险机动车牵引挂车；

（2）使用各种专用机械车、特种车的人员无国家有关部门核发的有效操作证；

(3) 自燃仅造成电器、线路、供油系统、供气系统的损失。

5. 营业用汽车损失保险的保险责任

营业用汽车损失保险的保险责任与家庭自用汽车损失保险相比，列明风险中删除了"火灾""爆炸"两种情况，其他相同。

6. 营业用汽车损失保险责任免除

该部分与家庭自用汽车损失保险相比，增加了部分责任免除规定：

(1) 实习期内驾驶公共汽车、营运客车或者载有爆炸物品、易燃易爆化学物品、剧毒或者放射性等危险物品的被保险机动车，实习期内驾驶的被保险机动车牵引挂车；

(2) 使用各种专用机械车、特种车的人员无国家有关部门核发的有效操作证，驾驶营运客车的驾驶人无国家有关部门核发的有效资格证书；

(3) 火灾、爆炸、自燃造成的损失；

(4) 违反安全装载规定的，增加免赔率 5%；因违反安全装载规定导致保险事故发生的，保险人不承担赔偿责任；

(5) 保险期间内发生多次保险事故的(自然灾害引起的事故除外)，免赔率从第三次开始每次增加 5%。

术语解释：

① 家庭自用汽车：指在中华人民共和国境内(不含港、澳、台地区)行驶的家庭或个人所有，且用途为非营业性运输的客车。

② 非营业用汽车：指在中华人民共和国境内(不含港、澳、台地区)行驶的党政机关、企事业单位、社会团体、使领馆等机构从事公务或在生产经营活动中不以直接或间接方式收取运费或租金的自用汽车，包括客车、货车、客货两用车。

③ 营业用汽车：是指在中华人民共和国境内(不含港、澳、台地区)行驶的，用于客、货运输或租赁，并以直接或间接方式收取运费或租金的汽车。

7. 保险金额确定

保险金额由投保人和保险人从下列三种方式中选择确定，保险人根据确定保险金额的不同方式承担相应的赔偿责任：

（1）按投保时被保险机动车的新车购置价确定。新车购置价是指在保险合同签订地购置与被保险机动车同类型新车的价格（含车辆购置税）。无同类型新车市场销售价格的，由投保人与保险人协商确定。

（2）按投保时被保险机动车的实际价值确定。投保时被保险机动车的实际价值根据投保时的新车购置价减去折旧金额后的价格确定。被保险机动车的折旧按月计算，不足一个月的部分，不计折旧。9座以下客车月折旧率为0.6%，10座以上客车月折旧率为0.9%，最高折旧金额不超过投保时被保险机动车新车购置价的80%。

折旧金额=投保时的新车购置价×被保险机动车已使用月数×月折旧率

（3）在投保时被保险机动车的新车购置价内协商确定。

注意：

（1）非营业用汽车损失保险规定的非营业用汽车的折旧率见表2－11。

表2－11　非营业用汽车折旧率表

车辆种类	月折旧率
9座以下客车	0.60%
低速货车和三轮汽车	1.10%
其他车辆	0.90%

（2）营业用汽车损失保险规定的营业用汽车的折旧率见表2－12。

表2－12　营业用汽车折旧率表

车辆种类	月折旧率	
	出租	其他
客车	1.10%	0.90%
微型载货汽车	1.10%	1.10%
带拖挂的载货汽车	1.10%	1.10%
低速货车和三轮汽车	1.40%	1.40%
其他车辆	1.10%	0.90%

8. 车辆损失险保费计算

按照被保险人类别、车辆用途、座位数/吨位数/排量/功率、车辆使用年限所属档次查找基础保费和费率。

保费=基础保费+保险金额×费率

挂车根据实际的使用性质并按照对应吨位货车的 50%计算。

联合收割机保险费按兼用型拖拉机 14.7kW 以上计收。

例 2-2　假定北京地区的某 5 座家庭自用轿车投保车损险,车龄不到 1 年,保险金额为 10 万元,试计算保险费。

查表 2-13 得,该车辆的保费=539+10 万×1.28%=1819 元。

表 2-13　机动车损失保险费率表

家庭自用汽车与非营业用车		1 年以下		1~2 年		2~6 年		6 年以上	
		基础保费	费率	基础保费	费率	基础保费	费率	基础保费	费率
家庭自用汽车	6 座以下	539	1.28%	513	1.22%	508	1.21%	523	1.24%
	6~10 座	646	1.28%	616	1.22%	609	1.21%	628	1.24%
	10 座以上	646	1.28%	616	1.22%	609	1.21%	628	1.24%
企业非营业客车	6 座以下	335	1.11%	319	1.06%	316	1.05%	325	1.08%
	6~10 座	402	1.05%	383	1.00%	379	0.99%	390	1.02%
	10~20 座	402	1.13%	383	1.08%	379	1.07%	390	1.10%
	20 座以上	419	1.13%	399	1.08%	395	1.07%	407	1.10%
党政机关、事业团体非营业客车	6 座以下	259	0.86%	247	0.82%	245	0.81%	252	0.84%
	6~10 座	311	0.82%	296	0.78%	293	0.77%	302	0.79%
	10~20 座	311	0.86%	296	0.82%	293	0.81%	302	0.84%
	20 座以上	324	0.86%	309	0.82%	306	0.81%	315	0.84%
非营业货车	2 吨以下	254	0.98%	242	0.93%	240	0.92%	247	0.95%
	2~5 吨	328	1.26%	312	1.20%	309	1.19%	318	1.22%
	5~10 吨	358	1.38%	341	1.31%	338	1.30%	348	1.34%
	10 吨以上	236	1.67%	225	1.59%	223	1.58%	229	1.63%
	低速载货汽车	216	0.83%	206	0.79%	204	0.78%	210	0.81%

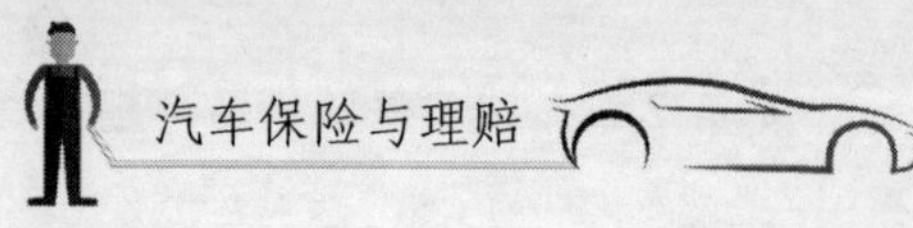

（续）

营业用车与特种车		2 年以下		2~3 年		3~4 年		4 年以上	
		基础保费	费率	基础保费	费率	基础保费	费率	基础保费	费率
出租、租赁营业客车	6 座以下	692	1.73%	685	1.71%	678	1.69%	692	1.73%
	6~10 座	826	1.68%	817	1.67%	809	1.65%	826	1.68%
	10~20 座	804	1.45%	796	1.43%	788	1.42%	804	1.45%
	20~36 座	766	1.49%	758	1.48%	751	1.46%	766	1.49%
	36 座以上	2066	1.49%	2045	1.48%	2025	1.46%	2066	1.49%
城市公交营业客车	6~10 座	706	1.39%	699	1.38%	692	1.36%	706	1.39%
	10~20 座	688	1.20%	681	1.19%	674	1.17%	688	1.20%
	20~36 座	657	1.23%	650	1.22%	644	1.21%	657	1.23%
	36 座以上	1744	1.23%	1726	1.22%	1709	1.21%	1744	1.23%
公路客运营业客车	6~10 座	795	1.61%	787	1.60%	779	1.58%	795	1.61%
	10~20 座	774	1.39%	767	1.37%	759	1.36%	774	1.39%
	20~36 座	738	1.43%	731	1.41%	724	1.40%	738	1.43%
	36 座以上	1986	1.43%	1967	1.41%	1947	1.40%	1986	1.43%
营业货车	2 吨以下	1091	2.58%	1080	2.56%	1069	2.53%	1091	2.58%
	2~5 吨	1372	2.76%	1358	2.73%	1344	2.71%	1372	2.76%
	5~10 吨	1636	2.84%	1620	2.81%	1604	2.78%	1636	2.84%
	10 吨以上	2688	3.31%	2661	3.27%	2634	3.24%	2688	3.31%
	低速载货汽车	927	2.20%	918	2.17%	909	2.15%	927	2.20%
特种车	特种车型一	1372	2.76%	1358	2.73%	1344	2.71%	1372	2.76%
	特种车型二	414	0.77%	410	0.76%	406	0.75%	414	0.77%
	特种车型三	358	0.67%	354	0.66%	351	0.66%	358	0.67%
	特种车型四	908	1.70%	899	1.68%	890	1.67%	908	1.70%

摩托车与拖拉机		基础保费	费率
摩托车	50CC 及以下	10	1.39%
	50~250CC（含）	14	1.83%
	250CC 以上及侧三轮	20	2.75%

（续）

<table>
<tr><th colspan="2">摩托车与拖拉机</th><th>基础保费</th><th>费率</th></tr>
<tr><td rowspan="4">拖拉机</td><td>兼用型拖拉机
14.7kW 及以下</td><td>21</td><td>0.46%</td></tr>
<tr><td>兼用型拖拉机
14.7kW 以上</td><td>50</td><td>1.09%</td></tr>
<tr><td>运输型拖拉机
14.7kW 及以下</td><td>36</td><td>0.79%</td></tr>
<tr><td>运输型拖拉机
14.7kW 以上</td><td>52</td><td>1.15%</td></tr>
<tr><td colspan="2">备　　注</td><td colspan="2"></td></tr>
</table>

2.3.4　车上人员责任险

1. 车上人员责任险的保险责任

保险期间内，被保险人或其允许的合法驾驶人在使用被保险机动车过程中发生意外事故，致使车上人员（图 2－17）遭受人身伤亡，依法应当由被保险人承担的损害赔偿责任，保险人依照本保险合同的约定负责赔偿。

图 2－17　车上驾驶员受伤

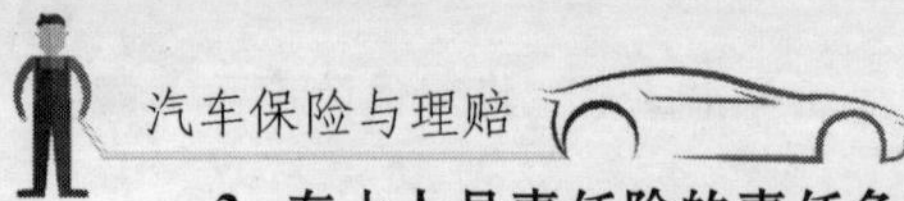

2. 车上人员责任险的责任免除

（1）被保险机动车造成下列人身伤亡，不论在法律上是否应当由被保险人承担赔偿责任，保险人均不负责赔偿：

① 被保险人或驾驶人的故意行为造成的人身伤亡；

② 被保险人及驾驶人以外的其他车上人员的故意、重大过失行为造成的自身伤亡；

③ 违法、违章搭乘人员的人身伤亡；

④ 车上人员因疾病、分娩、自残、斗殴、自杀、犯罪行为造成的自身伤亡；

⑤ 车上人员在被保险机动车车下时遭受的人身伤亡。

（2）下列情况下，不论任何原因造成的对车上人员的损害赔偿责任，保险人均不负责赔偿：

① 地震及其次生灾害；

② 战争、军事冲突、恐怖活动、暴乱、扣押、收缴、没收、政府征用；

③ 竞赛、测试、教练，在营业性维修、养护场所修理、养护期间；

④ 利用被保险机动车从事违法活动；

⑤ 驾驶人饮酒、吸食或注射毒品、被药物麻醉后使用被保险机动车；

⑥ 事故发生后，被保险人或其允许的驾驶人在未依法采取措施的情况下驾驶被保险机动车或者遗弃被保险机动车离开事故现场，或故意破坏、伪造现场、毁灭证据；

⑦ 驾驶人不合法的规定同第三者责任险；

⑧ 非被保险人允许的驾驶人驾驶被保险机动车；

⑨ 被保险机动车转让他人，被保险人、受让人未履行本保险合同第三十条规定的通知义务，且因转让导致被保险机动车危险程度显著增加而发生保险事故；

⑩ 除另有约定外，发生保险事故时被保险机动车无公安机关交通管理部门核发的行驶证或号牌，或未按规定检验或检验不合格。

（3）下列损失和费用，保险人不负责赔偿：

① 精神损害赔偿；

② 因污染(含放射性污染)造成的人身伤亡;

③ 仲裁或者诉讼费用以及其他相关费用;

④ 应当由机动车交通事故责任强制保险赔偿的损失和费用。

(4) 其他不属于保险责任范围内的损失和费用。

3. 车上人员责任险的责任限额

(1) 驾驶人每次事故责任限额和乘客每次事故每人责任限额由投保人和保险人在投保时协商确定。

(2) 投保乘客座位数按照被保险机动车的核定载客数(驾驶人座位除外)确定。

4. 车上人员责任险保费计算

按照被保险人类别、车辆用途、座位数查找费率。

驾驶人保费=每次事故责任限额×费率

乘客保费=每次事故每人责任限额×费率×投保乘客座位数

例 2-3　假定北京地区的某 5 座家庭自用汽车投保车上人员责任险,约定驾驶人每次事故责任限额为 2 万元,每位乘客每次事故责任限额为 3 万元,试计算保险费。

查表 2-14 得,驾驶人保费=2 万×0.41%=82 元,乘客保费=3 万×0.26%×4=312 元。

表 2-14　车上人员责任险、机动车盗抢险、玻璃单独破碎险费率表

家庭自用汽车与非营业用车		车上人员责任险		机动车盗抢险		玻璃单独破碎险	
		驾驶人	乘客	基础保费	费率	国产玻璃	进口玻璃
家庭自用汽车	6 座以下	0.41%	0.26%	120	0.53%	0.19%	0.31%
	6~10 座	0.39%	0.25%	140	0.44%	0.20%	0.32%
	10 座以上	0.39%	0.25%	140	0.44%	0.23%	0.38%
企业非营业客车	6 座以下	0.41%	0.25%	120	0.47%	0.14%	0.26%
	6~10 座	0.38%	0.23%	130	0.44%	0.15%	0.26%
	10~20 座	0.39%	0.23%	130	0.44%	0.16%	0.29%
	20 座以上	0.40%	0.24%	140	0.52%	0.16%	0.31%

（续）

家庭自用汽车与非营业用车		车上人员责任险		机动车盗抢险		玻璃单独破碎险	
		驾驶人	乘客	基础保费	费率	国产玻璃	进口玻璃
党政机关、事业团体非营业客车	6座以下	0.39%	0.24%	110	0.40%	0.14%	0.26%
	6~10座	0.36%	0.22%	120	0.37%	0.14%	0.26%
	10~20座	0.37%	0.22%	120	0.37%	0.16%	0.29%
	20座以上	0.39%	0.24%	130	0.44%	0.16%	0.31%
非营业货车	2吨以下	0.46%	0.28%	130	0.50%	0.11%	0.17%
	2~5吨	0.46%	0.28%	130	0.50%	0.11%	0.17%
	5~10吨	0.46%	0.28%	130	0.50%	0.11%	0.17%
	10吨以上	0.46%	0.28%	130	0.50%	0.11%	0.17%
	低速载货汽车	0.46%	0.28%	130	0.50%	0.11%	0.17%

营业用车与特种车		车上人员责任险		机动车盗抢险		玻璃单独破碎险	
		驾驶人	乘客	基础保费	费率	国产玻璃	进口玻璃
出租、租赁营业客车	6座以下	0.50%	0.31%	100	0.52%	0.20%	0.32%
	6~10座	0.40%	0.24%	90	0.43%	0.20%	0.32%
	10~20座	0.42%	0.26%	90	0.47%	0.22%	0.36%
	20~36座	0.42%	0.26%	80	0.55%	0.26%	0.44%
	36座以上	0.42%	0.26%	80	0.55%	0.29%	0.48%
城市公交营业客车	6~10座	0.42%	0.25%	60	0.46%	0.20%	0.32%
	10~20座	0.43%	0.26%	90	0.44%	0.22%	0.36%
	20~36座	0.49%	0.30%	90	0.54%	0.27%	0.46%
	36座以上	0.49%	0.30%	90	0.54%	0.30%	0.50%
公路客运营业客车	6~10座	0.42%	0.25%	60	0.47%	0.20%	0.32%
	10~20座	0.43%	0.26%	90	0.45%	0.22%	0.36%
	20~36座	0.49%	0.30%	80	0.49%	0.27%	0.46%
	36座以上	0.49%	0.30%	80	0.53%	0.30%	0.50%
营业货车	2吨以下	0.72%	0.46%	130	0.50%	0.13%	0.19%
	2~5吨	0.72%	0.46%	130	0.50%	0.13%	0.19%
	5~10吨	0.72%	0.46%	130	0.50%	0.13%	0.19%
	10吨以上	0.72%	0.46%	130	0.50%	0.13%	0.19%
	低速载货汽车	0.72%	0.46%	130	0.50%	0.13%	0.19%

（续）

营业用车与特种车		车上人员责任险		机动车盗抢险		玻璃单独破碎险	
		驾驶人	乘客	基础保费	费率	国产玻璃	进口玻璃
特种车	特种车型一	0.51%	0.34%	120	0.52%	0.09%	0.16%
	特种车型二	0.51%	0.34%	130	0.51%	0.09%	0.17%
	特种车型三	0.51%	0.34%	130	0.51%	0.10%	0.19%
	特种车型四	0.51%	0.34%	140	0.51%	0.10%	0.19%
营业用车与特种车		车上人员责任险		机动车盗抢险		玻璃单独破碎险	
		驾驶人	乘客	基础保费	费率	国产玻璃	进口玻璃
摩托车	50CC 及以下	0.50%		25	1.00%	—	
	50~250CC（含）	0.50%		25	1.00%		
	250CC 以上及侧三轮	0.50%		25	1.00%		
拖拉机	兼用型拖拉机 14.7kW 及以下	0.50%		25	1.00%		
	兼用型拖拉机 14.7kW 以上	0.50%		25	1.30%		
	运输型拖拉机 14.7kW 及以下	0.50%		25	1.00%		
	运输型拖拉机 14.7kW 以上	0.50%		25	1.30%		
备注							

2.3.5　全车盗抢险

1. 全车盗抢险的保险责任

保险期间内，被保险机动车的下列损失和费用，保险人依照本保险合同的约定负责赔偿：

（1）被保险机动车被盗窃、抢劫、抢夺，经出险当地县级以上公安刑侦部门立案证明，满 60 天未查明下落的全车损失；

（2）被保险机动车全车被盗窃、抢劫、抢夺后，受到损坏或车上零

部件、附属设备丢失需要修复的合理费用；

(3) 被保险机动车在被抢劫、抢夺过程中，受到损坏需要修复的合理费用。

未买盗抢险后果如图 2-18 所示。

图 2-18　未买盗抢险后果

2. 全车盗抢险的责任免除

(1) 下列情况下，不论任何原因造成被保险机动车损失，保险人均不负责赔偿：

① 地震及其次生灾害；

② 战争、军事冲突、恐怖活动、暴乱、扣押、收缴、没收、政府征用；

③ 竞赛、测试、教练，在营业性维修、养护场所修理、养护期间；

④ 利用被保险机动车从事违法活动；

⑤ 驾驶人饮酒、吸食或注射毒品、被药物麻醉后使用被保险机动车；

⑥ 非被保险人允许的驾驶人使用被保险机动车；

⑦ 租赁机动车与承租人同时失踪；

⑧ 被保险机动车转让他人，被保险人、受让人未履行保险合同规定的通知义务，且因转让导致被保险机动车危险程度显著增加而发生

保险事故；

⑨ 除另有约定外，发生保险事故时被保险机动车无公安机关交通管理部门核发的行驶证或号牌，或未按规定检验或检验不合格；

⑩ 被保险人索赔时，未能提供机动车停驶手续或出险当地县级以上公安刑侦部门出具的盗抢立案证明。

（2）被保险机动车的下列损失和费用，保险人不负责赔偿：

① 自然磨损、朽蚀、腐蚀、故障；

② 遭受保险责任范围内的损失后，未经必要修理继续使用被保险机动车，致使损失扩大的部分；

③ 市场价格变动造成的贬值、修理后价值降低引起的损失；

④ 标准配置以外新增设备的损失；

⑤ 非全车遭盗窃，仅车上零部件或附属设备被盗窃或损坏；

⑥ 被保险机动车被诈骗造成的损失；

⑦ 被保险人因民事、经济纠纷而导致被保险机动车被抢劫、抢夺；

⑧ 被保险人及其家庭成员、被保险人允许的驾驶人的故意行为或违法行为造成的损失。

（3）被保险机动车被盗窃、抢劫、抢夺期间造成人身伤亡或本车以外的财产损失，保险人不负责赔偿。

（4）保险人在依据本保险合同约定计算赔款的基础上，按下列免赔率免赔：

① 发生全车损失的，免赔率为 20%；

② 发生全车损失，被保险人未能提供《机动车行驶证》《机动车登记证书》、机动车来历凭证、车辆购置税完税证明（车辆购置附加费缴费证明）或免税证明的，每缺少一项，增加免赔率 1%；

③ 投保时指定驾驶人，保险事故发生时为非指定驾驶人使用被保险机动车的，增加免赔率 5%；

④ 投保时约定行驶区域，保险事故发生在约定行驶区域以外的，增加免赔率 10%。

（5）其他不属于保险责任范围内的损失和费用。

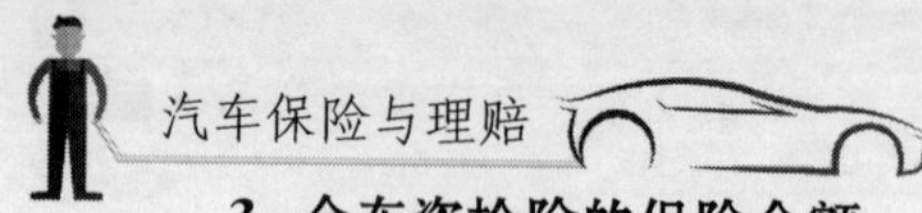

3. 全车盗抢险的保险金额

保险金额由投保人和保险人在投保时被保险机动车的实际价值内协商确定。

投保时被保险机动车的实际价值根据投保时的新车购置价减去折旧金额后的价格确定。折旧率,见表 2-15。

表 2-15 折旧率表

车辆种类	月折旧率				
	家庭自用	非营业	营业		特种车
			出租	其他	
9 座以下客车	0.60%	0.60%	1.10%	0.90%	—
10 座以上客车	0.90%	0.90%	1.10%	0.90%	—
微型载货汽车	—	0.90%	1.10%	1.10%	—
带拖挂的载货汽车	—	0.90%	1.10%	1.10%	—
低速货车和三轮汽车	—	1.10%	1.40%	1.40%	—
矿山专用车	—	—	—	—	1.10%
其他车辆	—	0.90%	1.10%	0.90%	0.90%

折旧按月计算,不足一个月的部分,不计折旧。最高折旧金额不超过投保时被保险机动车新车购置价的 80%。

折旧金额=投保时的新车购置价×被保险机动车已使用月数×月折旧率

4. 盗抢险保费计算

按照被保险人类别、车辆用途、座位数查找基础保费和费率。

保费=基础保费+保险金额×费率

挂车根据实际的使用性质并按照对应吨位货车的 50%计算。

例 2-4 假定北京地区的某 5 座家庭自用汽车投保盗抢险,保险金额为 10 万元,试计算保险费。

查表 2-15 得,该车辆的保费=120+10 万×0.53%=650 元。

2.3.6 附加险

1. 玻璃单独破碎险

投保了机动车损失保险的机动车,可投保本附加险。

1）保险责任

被保险机动车挡风玻璃或车窗玻璃的单独破碎，保险人负责赔偿如图 2－19 所示。

图 2－19　飞来之石砸坏玻璃

2）投保方式

投保人与保险人可协商选择按进口或国产玻璃投保。保险人根据协商选择的投保方式承担相应的赔偿责任。

3）责任免除

安装、维修机动车过程中造成的玻璃单独破碎。

注意：有些客户因为玻璃陈旧、视线不清楚等原因，想更换玻璃，于是想利用保险赔偿，故意弄坏玻璃（图 2－20），这是道德风险，保险公司一般会谨防此种事情的发生。

4）玻璃单独破碎险保费计算

按照被保险人类别、座位数、投保国产/进口玻璃查找费率。

$$保费=新车购置价\times 费率$$

注：对于特种车，防弹玻璃等特殊材质玻璃标准保费上浮 10%。

例 2－5　假定北京地区的某 5 座家庭自用汽车投保玻璃单独破碎险，新车购置价为 10 万元，约定按国产玻璃投保，试计算保险费。

查表 2－15 得，该车辆的保费＝10 万×0.19%＝190 元。

图 2-20　故意砸坏玻璃的道德风险

2. 车身划痕损失险

投保了机动车损失保险的机动车,可投保本附加险。

1）保险责任

无明显碰撞痕迹的车身划痕损失,保险人负责赔偿,如图 2-21 所示。

图 2-21　车身划痕

2）责任免除

被保险人及其家庭成员、驾驶人及其家庭成员的故意行为造成的损失。

3）保险金额

保险金额为 2000 元、5000 元、10000 元或 20000 元，由投保人和保险人在投保时协商确定。

4）车身划痕损失险保费计算

按车龄、新车购置价、保额所属档次直接查找保费。

例 2－6　假定北京地区的某 5 座家庭自用汽车投保车身划痕损失险，车龄为 1 年，新车购置价为 10 万元，保险金额为 1 万元，试计算保险费。

查表 2－16 得，该车辆的保费＝760 元。

表 2－16　车身划痕损失险费率表

车龄	保额/元	新车购置价/元		
		30 万以下	30~50 万	50 万以上
2 年以下	2000	400	585	850
	5000	570	900	1100
	10000	760	1170	1500
	20000	1140	1780	2250
2 年及以上	2000	610	900	1100
	5000	850	1350	1500
	10000	1300	1800	2000
	20000	1900	2600	3000

3. 自燃损失险

投保了家庭自用汽车损失保险的机动车，可投保本附加险。

1）保险责任

（1）因被保险机动车电器、线路、供油系统、供气系统发生故障或所载货物自身原因起火燃烧造成本车的损失，如图 2－22 所示；

（2）发生保险事故时，被保险人为防止或者减少被保险机动车的损失所支付的必要的、合理的施救费用。

图 2-22　车辆自燃

2）责任免除

（1）自燃仅造成电器、线路、供油系统、供气系统的损失；

（2）所载货物自身的损失。

3）保险金额

保险金额由投保人和保险人在投保时被保险机动车的实际价值内协商确定。

4）自燃损失险保费计算（见表 2-17）

按照车辆使用年限查找费率。

保费=保险金额×费率

表 2-17　自燃损失险费率表

地区	1 年以下	1~2 年	2~6 年	6 年以上
深圳	0.15%	0.18%	0.20%	0.30%
其他地区	0.15%	0.18%	0.20%	0.23%

4. 可选免赔额特约条款

投保了机动车损失保险的机动车可附加本特约条款。保险人按投保人选择的免赔额给予相应的保险费优惠，如图 2-23 所示。

被保险机动车发生机动车损失保险合同约定的保险事故，保险人

图 2-23　选免赔额的好处

在按照机动车损失保险合同的约定计算赔款后，扣减本特约条款约定的免赔额。

见表 2-18，按照选择的免赔额、新车购置价查找费率折扣系数。

约定免赔额之后的机动车损失保险保费 = 机动车损失保险保费×费率折扣系数

表 2-18　可选免赔额特约条款费率表

地　　区	免赔额/元	新车购置价/元					
		5 万以下	5~10 万	10~20 万	20~30 万	30~50 万	50 万以上
北京、新疆、甘肃、湖北、大连、内蒙古	300	0.87	0.92	0.94	0.95	0.97	0.98
	500	0.76	0.84	0.89	0.93	0.95	0.96
	1000	0.65	0.74	0.83	0.88	0.90	0.93
	2000	0.52	0.58	0.69	0.78	0.85	0.89
上海、黑龙江、吉林、辽宁、江苏、山东、青岛、海南、广西、四川、重庆、云南、贵州、江西	300	0.89	0.92	0.94	0.96	0.97	0.98
	500	0.79	0.85	0.89	0.93	0.95	0.96
	1000	0.68	0.74	0.845	0.88	0.90	0.93
	2000	0.54	0.58	h70	0.78	0.86	0.89

（续）

地　区	免赔额/元	新车购置价/元					
		5万以下	5~10万	10~20万	20~30万	30~50万	50万以上
广东、天津、宁夏、陕西、河南、浙江、宁波、安徽、福建、厦门、青海、山西	300	0.90	0.93	0.95	0.96	0.97	0.98
	500	0.81	0.87	0.91	0.94	0.96	0.96
	1000	0.71	0.78	0.84	0.88	0.91	0.93
	2000	0.58	0.62	0.71	0.78	0.86	0.90
深圳、湖南、河北、西藏	300	0.92	0.94	0.95	0.96	0.97	0.98
	500	0.84	0.89	0.92	0.94	0.96	0.97
	1000	0.75	0.82	0.87	0.89	0.91	0.94
	2000	0.62	0.68	0.76	0.80	0.88	0.91

5. 车上货物责任险

投保了机动车第三者责任保险的机动车，可投保本附加险。

1）保险责任

保险期间内，发生意外事故致使被保险机动车所载货物遭受直接损毁（图2-24），依法应由被保险人承担的损害赔偿责任，保险人负责赔偿。

图2-24　车上货物受损

2）责任免除

(1) 偷盗、哄抢、自然损耗、本身缺陷、短少、死亡、腐烂、变质造成的货物损失；

(2) 违法、违章载运或因包装不善造成的损失；

(3) 车上人员携带的私人物品；

(4) 应当由机动车交通事故责任强制保险赔偿的损失和费用。

3）责任限额

责任限额由投保人和保险人在投保时协商确定。

4）车上货物责任险保费计算(见表 2-19)

按照营业用、非营业用查找费率。

保费=责任限额×费率

注:最低责任限额为人民币 20000 元。

表 2-19　车上货物责任险费率表

车辆类别	非营业用货车	营业用货车
费率	0.85%	2.73%

6. 不计免赔率特约条款

1）保险责任

经特别约定,保险事故发生后,按照对应投保的险种规定的免赔率计算的、应当由被保险人自行承担的免赔金额部分,保险人负责赔偿,如图 2-25 所示。

2）责任免除

下列情况下,应当由被保险人自行承担的免赔金额,保险人不负责赔偿:

(1) 机动车损失保险中应当由第三方负责赔偿而无法找到第三方的；

(2) 被保险人根据有关法律法规规定选择自行协商方式处理交通事故,但不能证明事故原因的；

(3) 违反安全装载规定的；

(4) 投保时指定驾驶人,保险事故发生时为非指定驾驶人使用被

图 2-25　不计免赔

保险机动车的；

(5) 投保时约定行驶区域，保险事故发生在约定行驶区域以外的；

(6) 保险期间内发生多次保险事故的；

(7) 发生机动车盗抢保险规定的全车损失保险事故时，被保险人未能提供《机动车行驶证》《机动车登记证书》、机动车来历凭证、车辆购置税完税证明（车辆购置附加费缴费证明）或免税证明的；

(8) 可附加本条款但未选择附加本条款的险种规定的；

(9) 不可附加本条款的险种规定的。

3) 不计免赔率特约条款保费计算

按照适用的险种查找费率。

保费＝适用本条款的险种标准保费×费率

不计免赔率特约条款费率表（表 2-20）适用险种中未列明的险种，不可投保不计免赔率特约条款。

机动车提车保险、机动车提车暂保单可以投保不计免赔率特约条款，其保费依据不计免赔率特约条款费率表对应的适用险种的费率计算。

表 2-20　不计免赔率特约条款费率表

适 用 险 种	费率	适 用 险 种	费率
第三者责任保险	15%	机动车盗抢险	20%
机动车损失保险	15%	发动机特别损失险	20%
车上人员责任险	15%	车上货物责任险	20%
车身划痕损失险	15%	附加油污污染责任险	20%
新增加设备损失保险	15%		

7. 火灾、爆炸、自燃损失险

投保了营业用汽车损失保险的机动车，可投保本附加险。

1）保险责任

（1）火灾、爆炸、自燃造成被保险机动车的损失；

（2）发生保险事故时，被保险人为防止或者减少被保险机动车的损失所支付的必要的、合理的施救费用。

2）责任免除

（1）自燃仅造成电器、线路、供油系统、供气系统的损失；

（2）所载货物自身的损失；

（3）轮胎爆裂的损失；

（4）人工直接供油、高温烘烤造成的损失。

3）保险金额

保险金额由投保人和保险人在投保时被保险机动车的实际价值内协商确定。

4）保费计算

保费=保险金额×费率。

其中，费率为固定费率，见表 2-21。

表 2-21　其他险种费率表

险 别	保 费 计 算
火灾、爆炸、自燃损失险	保险金额×0.3%
新增加设备损失保险	本附加险保险金额×车损险标准保费/车损险保险金额

（续）

险　别	保 费 计 算
发动机特别损失险	车损险标准保费×5%
交通事故精神损害赔偿责任保险	每次事故责任限额×8‰
多次出险增加免赔率特约条款	车损险保费下浮 2%
指定专修厂特约条款	车损险保费相应上浮，国产车：10%～30%；进口车：15%～60%

8. 新增加设备损失险

投保了机动车损失保险的机动车，可投保本附加险。

1）保险责任

保险期间内，投保了本附加险的被保险机动车因发生机动车损失保险责任范围内的事故，造成车上新增加设备的直接损毁，保险人在保险单载明的本附加险的保险金额内，按照实际损失计算赔偿。

2）保险金额

保险金额根据新增加设备的实际价值确定。新增加设备的实际价值是指新增加设备的购置价减去折旧金额后的金额。

新增设备的折旧率以本条款所对应的主险条款规定为准。

3）其他事项

本保险所指新增加设备，是指被保险机动车出厂时原有各项设备以外，被保险人加装的设备及设施。投保时，应当列明车上新增加设备明细表及价格。

4）保费计算

保费=本附加险保险金额×车损险标准保费/车损险保险金额

9. 发动机特别损失险

投保了家庭自用汽车损失保险或非营业用汽车损失保险的机动车，可投保本附加险。

保险期间内，投保了本附加险的被保险机动车在使用过程中，因下列原因导致发动机进水而造成发动机的直接损毁，保险人负责赔偿：

（1）被保险机动车在积水路面涉水行驶；

（2）被保险机动车在水中启动；

（3）发生上述保险事故时被保险人或其允许的驾驶人对被保险机动车采取施救、保护措施所支出的合理费用。

发动机特别损失险保费=车损险标准保费×费率。其中，费率为固定费率，见表 2－21。

10. 交通事故精神损害赔偿责任保险

投保人在同时投保了机动车第三者责任保险和车上人员责任保险的基础上，可投保本附加险。

1）保险责任

在保险期内，被保险机动车在使用过程中，发生意外事故，致使第三者或本车上人员的残疾、烧伤、死亡或怀孕妇女流产，受害方据此提出的精神损害赔偿请求，依照法院生效判决或者经事故双方当事人协商一致并经保险人书面同意的，应由被保险人承担的精神损害赔偿责任，保险人在本保险合同约定的责任限额内负责赔偿。

2）责任免除

发生以下情形或损失之一者，保险人不承担精神损害赔偿责任：

（1）被保险机动车驾驶人在事故中无过错；

（2）被保险机动车未发生直接碰撞事故，仅因第三者或本车上人员的惊恐而引起的损害；

（3）怀孕妇女的流产发生在交通事故发生之日起 30 天以外的；

（4）被保险机动车违反安全装载规定；

（5）应当由机动车交通事故责任强制保险赔偿的损失和费用。

3）责任限额

每次事故责任限额和每次事故每人责任限额由投保人和保险人在签订保险合同时协商确定，其中每次事故每人责任限额不超过 5 万元。

4）保费计算

保费=每次事故责任限额×费率。

其中，费率为固定费率，见表2－21。

11. 多次出险增加免赔率特约条款

投保了家庭自用汽车损失保险的机动车，可附加本特约条款。保险人按照保险监管部门批准的机动车保险费率方案对家庭自用汽车损失保险给予保险费优惠，如图 2－26 所示。

图 2－26　多次出险增加免赔率特约条款

附加本特约条款的被保险机动车在保险期间内发生多次保险事故的（自然灾害引起的事故除外），免赔率从第三次开始每次增加 5%，累计增加免赔率不超过 25%。

选择该附加险，机动车损失保险保费下浮一定比例，见表 2－21。

选择本附加险后，机动车损失保险保费＝机动车损失保险保费×98%

12. 指定专修厂特约条款

投保了机动车损失保险的机动车，可附加本特约条款。

投保人在投保时未选择本特约条款的，机动车损失保险事故发生后，因保险事故损坏的机动车辆，在修理前应当按照主险条款的规定，由被保险人与保险人协商确定修理方式和费用。

投保人在投保时选择本特约条款，并增加支付本特约条款的保险费的，机动车损失保险事故发生后，被保险人可自主选择具有被保险机动车辆专修资格的修理厂进行修理。

选择该特约条款，按照国产/进口车，对机动车车损险保险费进行相应的调整，见表 2－21。

第 3 章　汽车保险购买

3.1　投 保 实 务

汽车保险投保的八个步骤:

（1）选择保险公司;

（2）选择保障方案;

（3）选择购买渠道;

（4）填写投保单;

（5）交纳保险费;

（6）等待保险公司的审核;

（7）领取保险单证;

（8）退保、批改与续保。

3.1.1　保险公司的选择

为保障您的合法权益,应选择在具有合法经营资格的保险人或保险代理网点办理保险,应了解保险人的资信及偿付能力,要选择信誉度好、偿付能力充足的保险公司购买保险。同时,投保时请选择您所在地的保险公司机构进行投保,以免给您理赔及后续服务带来不便。

选择保险公司时主要考虑其网点分布、售后服务、附加服务等。

保险公司的网点分布决定了投保、理赔的方便程度。

保险公司的售后服务包括业务人员是否热情周到、是否及时送达保险单、是否及时通报新产品、是否及时赔付、是否耐心听取并真心解决顾客的投诉、是否注意与顾客的沟通等。

保险公司的附加服务是提高公司形象的重要手段,也是其提供的延伸产品,如持保险单在日常生活中享受消费优惠、经常召开联谊会、对故障车辆免费施救、给客户免费洗车等。

选择保险公司时不能重复投保(图3-1)。

图3-1　不要重复投保

另外,还可参考保险公司是否有品牌宣传活动,如人保的“车险管家”的品牌宣传、平安的赢油卡的促销活动。

3.1.2　保障方案的选择

汽车保险包括多个险种,除交强险是强制性险种外,其他的险种都以自愿为原则。车主可以根据自己的经济实力与实际需求,进行投保,如图3-2所示。以下是5个汽车保险方案,可以供车主投保时参考。

1. 最低保障方案

险种组合:交强险。

保障范围:只对第三者的损失负基本赔偿责任。

适用对象:只想完成法律规定的人,以及很少使用车辆、驾驶技术非常熟练的人。

特点:只有最低保障。

图3－2　保险按需购买

优点:只是完成了法律规定,费用低。

缺点:一旦撞车或撞人,对方的损失能得到保险公司的部分赔偿,如果对方受伤严重,自己负担的部分可能不少,而自己车的损失只有自己负担。

2. 基本保障方案

险种组合:交强险+车辆损失险+第三者责任险。

保障范围:只投保了交强险和最主要的主险险种。

特点:费用适度,能够提供基本的保障。

适用对象:经济实力不强的车主。

优点:必要性最高。

缺点:不是最佳组合,车损险中有许多车辆的损失不予赔偿,车上人员得不到保障,且车辆损失保险和第三者责任保险都有免赔率。

3. 经济保障方案

险种组合:交强险+车辆损失险+第三者责任险+全车盗抢险+车上人员责任险+不计免赔特约险。

特点:投保了交强险和4个最必要、最有价值的主险险种及一个不计免赔特约险。

适用对象:个人精打细算的最佳选择。

优点:投保最有价值的险种,保险性价比最高,人们最关心的车辆丢失和100%赔付等大风险都有保障,保费不高但包含了比较实用的不计免赔特约险。当然,这仍不是最完善的保险方案。

缺点:车身划痕、新增设备等仍无法得到保障。

4. 最佳保障方案

险种组合:交强险+车辆损失险+第三者责任险+全车盗抢险+车上人员责任险+玻璃单独破碎险+车身划痕险+不计免赔特约险。

特点:在经济投保方案的基础上,加入了车身划痕险和玻璃单独破碎险,使车辆的一些非碰撞损坏部分得到安全保障。

适用对象:一般公司或个人,及多数新手。新手不能图一时省钱,投保险种较少。

优点:投保价值大的险种,不花冤枉钱,物有所值。

缺点:对新增设备、自燃危险等没有保障。

5. 完全保障方案

险种组合:交强险+车辆损失险+第三者责任险+全车盗抢险+车上人员责任险+玻璃单独破碎险+车身划痕险+新增加设备损失险+自燃损失险+不免赔特约险。

特点:保障全面,居安思危才能有备无患。常见风险的对应险种全部投保,从容上路,不必担心交通所带来的种种风险。

适用对象:经济充裕的车主。

优点:几乎与汽车有关的全部事故损失都能得到赔偿,投保人不必为少保某一个险种而担心。

缺点:险种数量多,保费高,某些险种出险的概率可能比较小。

3.1.3 购买渠道的选择

1. 常见投保方式

(1) 上门投保,是指投保人与所选择的保险公司联系,保险公司派业务员前往投保人处,提供风险分析、解释条款、设计投保方案、指导投保人填写投保单等服务;

(2) 到保险公司营业部门投保,即投保人亲自到保险公司的办公地点办理投保手续;

(3) 电话投保,是指通过保险公司开通的服务电话办理投保业务;

(4) 网上投保,是指利用网络完成投保业务,如图3-3所示、如图3-4所示;

图3-3　利用网络进行投保

图3-4　网上投保优点

(5) 通过保险代理人投保,即保险代理人根据保险人的委托,在保险人授权的范围内代为办理保险业务;

(6) 通过保险经纪人投保,即保险经纪人基于投保人利益,为投保人与保险人订立保险合同提供中介服务。

多种投保方式(图3-5)各有利弊(见表3-1),并且费率优惠程度不同。一般,通过保险代理人、保险经纪人投保的,保费较贵,电话投保与网上投保费率优惠较大。

图 3-5　投保方式选择

表 3-1　四种购买保险方式比较

投保方式	利	弊
保险公司	可享受最低折扣。 从保险公司直销中心拿到的价格是最便宜的，也是最可靠的，不仅能节省中介费用，还可以就相关事宜向业务人员详细咨询	事事都需自己动手； 保险公司员工也可能不诚信展业，如图 3-6 所示
4S 店	省时省事，后续服务好。 出险、赔偿时不仅可以通过拨打保险公司的出险电话，还可以通过 4S 店的保险顾问进行报险	保费折扣低。 一般只能得到规定的 30% 的折扣优惠
电话或上网	效率很高。 操作简单，车主可随意挑选并购买	理赔不便。 打电话或上网购买车险有一定的风险性。就网上购买来说，它并不被众多购买者认同，上网购买者依然寥寥无几

（续）

投保方式	利	弊
车险中介	可以货比三家。 中介公司的服务态度通常比较好，在投保和理赔时可免去不少麻烦	容易上当受骗。 如果中介公司没有取得中介资格，或中介公司开具假保单，都容易给客户造成不必要的风险损失 由于存在中介环节，保险费稍高（图 3－7）

图 3－6　保险公司不诚信展业可投诉维权

2. 电话车险

电话车险是汽车保险公司为用户推出的一种便捷车险购买方式。用户可以通过拨打保监会特批的电话购买车险（图 3－8）。客服专员与用户通过电话咨询用户信息，用户告知相关信息后，车险公司进行核保，并通过上门收费、网上收费的方式完成收费，并派送保单。

电话营销作为一种车险直销方式，1985 年开始在英国出现，目前在美国、英国、韩国等发达国家已成主流。但在我国，电话营销车险还属于新生事物。

2007 年 7 月 31 日，中国平安宣布其报批的电话车险专属产品首

图 3－7　保险费用高

(a) 轻松拨通电话进行投保

(b) 保险员工通过电话详细介绍保险内容

图 3－8　电话车险真方便

家获得中国保监会的批准，国内首个专用于电话销售的车险产品由此诞生。该公司已正式启用电话车险专属产品投保电话 4008000000，车主可直接拨打此电话，省去购买车险的中间环节，享受低于其他渠道 10%～15%的车险投保费率，体会方便而不减值的车险服务。

在此之后，人保公司、太平洋公司也纷纷推出电话车险专属产品投保电话 4001234567、10108888。目前多家产险公司发力电话车险，使电话车险全面开花。保监会已相继批准平安、人保、太平洋、大地、阳光、安邦、天平等多家保险公司车险电销的资质，电销市场的主体不断增加，全国 40 余家财产险公司中，有意涉足电话车险的公司还很多。

多家保险公司瞄准电销市场，并不断扩大区域，主要有两方面原因：

一方面与政策支持有关。国务院颁布的《中国保险业发展十一五规划纲要》明确提出，各保险公司要推广保险电子商务，积极推动网上保险等新的保险服务。同时保监会也鼓励和支持保险公司发展电话车险。

另一方面，由于车险中盈利的商业险历来依靠中介，其中有 70% 的业务来自中介代理商，每笔业务都需要支付一笔中介费用，最低 15%，最高甚至可以达到 30%。高额的成本促使保险公司积极寻求新的销售渠道和模式降低成本。

正是由于电话车险专属产品省去了中间环节，把保险公司支付给中间人或中间机构的佣金直接让利给车主，使车主在体验便捷投保的同时更享受到比其他渠道更低的价格（图 3－9），因此电话车险在我国将前途光明。

图 3－9　车险低价

3.1.4　填写投保单

1. 投保单内容

投保单（见表 3－2）是合同的组成部分之一。要求投保人必须如实填写。

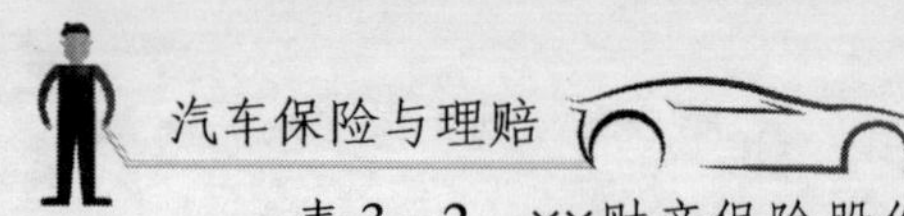

表 3-2 ××财产保险股份有限公司机动车保险/机动车交通事故责任强制保险投保单

<table>
<tr><td colspan="7" align="right">No：</td></tr>
<tr><td colspan="7">欢迎您到××财产保险股份有限公司投保！在您填写本投保单前请先详细阅读《机动车交通事故责任强制保险条款》及我公司的机动车辆保险条款（图 3-19），阅读条款时请您特别注意各个条款中的保险责任、责任免除、投保人义务、被保险人义务等内容并听取保险人就条款（包括责任免除条款）所作的说明。您在充分理解条款后，再填写本投保单各项内容（请在需要选择的项目前的“□”内划“√”表示）。为了合理确定投保机动车的保险费，并保证您获得充足的保障，请您认真填写每个项目，确保内容的真实可靠。您所填写的内容我公司将为您保密。本投保单所填写内容如有变动，请及时到我公司办理变更手续。</td></tr>
<tr><td rowspan="3">投保人</td><td>投保人名称/姓名</td><td colspan="3"></td><td>投保机动车数</td><td>辆</td></tr>
<tr><td>联系人姓名</td><td></td><td>固定电话</td><td></td><td>移动电话</td><td></td></tr>
<tr><td>投保人住所</td><td colspan="3"></td><td>邮政编码</td><td>□□□□□□</td></tr>
<tr><td rowspan="5">被保险人</td><td colspan="2">□自然人姓名：</td><td>身份证号码</td><td colspan="3">□□□□□□□□□□□□□□□□□□</td></tr>
<tr><td colspan="3">□法人或其他组织名称：</td><td>组织机构代码</td><td colspan="2">□□□□□□□□□</td></tr>
<tr><td>被保险人单位性质</td><td colspan="5">□党政机关、团体 □事业单位 □军队（武警） □使（领）馆
□个体、私营企业 □其他企业 □其他</td></tr>
<tr><td>联系人姓名</td><td></td><td>固定电话</td><td></td><td>移动电话</td><td></td></tr>
<tr><td>被保险人住所</td><td colspan="3"></td><td>邮政编码</td><td>□□□□□□</td></tr>
<tr><td rowspan="7">投保车辆情况</td><td colspan="2">被保险人与车辆的关系</td><td>□所有 □使用 □管理</td><td>车主</td><td colspan="2"></td></tr>
<tr><td>号牌号码</td><td></td><td>号牌底色</td><td colspan="3">□蓝 □黑 □黄 □白
□白蓝 □其他颜色</td></tr>
<tr><td>厂牌型号</td><td></td><td>发动机号</td><td colspan="3"></td></tr>
<tr><td>VIN 码</td><td colspan="3">□□□□□□□□□□□□□□□□□</td><td>车架号</td><td></td></tr>
<tr><td>核定载客</td><td>人</td><td>核定载质量</td><td>千克</td><td>排量/功率</td><td>/kW</td></tr>
<tr><td>初次登记日期</td><td>年 月</td><td>已使用年限</td><td>年</td><td>年平均行驶里程</td><td>公里</td></tr>
<tr><td>车身颜色</td><td colspan="5">□黑色 □白色 □红色 □灰色 □蓝色 □黄色 □绿色
□紫色 □粉色 □棕色 □其他颜色</td></tr>
</table>

（续）

<table>
<tr><td rowspan="7">投保车辆情况</td><td>机动车种类</td><td colspan="4">□客车 □货车 □客货两用车 □挂车 □摩托车（不含侧三轮） □侧三轮 □农用拖拉机 □运输拖拉机 □低速载货汽车 □特种车：请填写用途______</td></tr>
<tr><td>机动车使用性质</td><td colspan="4">□家庭自用 □非营业用（不含家庭自用） □出租/租赁 □城市公交 □公路客运 □旅游客运 □营业性货运</td></tr>
<tr><td colspan="2">上年是否在本公司投保商业机动车保险</td><td colspan="3">□是 □否</td></tr>
<tr><td>行驶区域</td><td colspan="4">□省内行驶 □固定行驶路线 具体路线：______</td></tr>
<tr><td colspan="2">是否为未还清贷款的车辆</td><td>□是 □否</td><td>车损险与车身划痕险选择汽车专修厂</td><td>□是 □否</td></tr>
<tr><td>上年赔款次数</td><td colspan="4">□交强险赔款次数____次 □商业机动车保险赔款次数____次</td></tr>
<tr><td colspan="2">上一年度交通违法行为</td><td colspan="3">□有 □无</td></tr>
<tr><td colspan="3">投保主险条款名称</td><td colspan="3"></td></tr>
<tr><td>指定驾驶人</td><td colspan="2">姓名</td><td colspan="2">驾驶证号码</td><td>初次领证日期</td></tr>
<tr><td>驾驶人 1</td><td colspan="2"></td><td colspan="2">□□□□□□□□□□□□□□□□□□</td><td>___年___月___日</td></tr>
<tr><td>驾驶人 2</td><td colspan="2"></td><td colspan="2">□□□□□□□□□□□□□□□□□□</td><td>___年___月___日</td></tr>
<tr><td colspan="3">保险期间</td><td colspan="3">____年____月____日零时起至____年____月____日二十四时止</td></tr>
</table>

第 1 页，共 2 页

（续）

<table>
<tr><td colspan="2">投保险种</td><td>保险金额/责任限额（元）</td><td>保险费（元）</td><td>备注</td></tr>
<tr><td colspan="2">□机动车交通事故责任强制保险</td><td></td><td></td><td></td></tr>
<tr><td colspan="2">□机动车损失险：新车购置价______元</td><td></td><td></td><td></td></tr>
<tr><td colspan="2">□商业第三者责任险</td><td></td><td></td><td></td></tr>
<tr><td rowspan="2">□车上人员责任险</td><td>投保人数____人</td><td>/人</td><td></td><td></td></tr>
<tr><td>投保人数______人</td><td>/人</td><td></td><td></td></tr>
<tr><td colspan="2">□盗抢险</td><td></td><td></td><td></td></tr>
<tr><td rowspan="2">□附加玻璃单独破碎险</td><td>□国产玻璃</td><td></td><td></td><td></td></tr>
<tr><td>□进口玻璃</td><td></td><td></td><td></td></tr>
<tr><td colspan="2">□附加停驶损失险：日赔偿金额___元×___天</td><td></td><td></td><td></td></tr>
<tr><td colspan="2">□附加自燃损失险</td><td></td><td></td><td></td></tr>
<tr><td colspan="2">□附加火灾、爆炸、自燃损失险</td><td></td><td></td><td></td></tr>
</table>

(续)

投保险种		保险金额/责任限额(元)	保险费(元)	备注
□附加车身划痕损失险		元		
□附加新增加设备损失险				
□附加车上货物责任险				
□附加不计免赔率特约条款	□机动车损失险			
	□第三者责任险			
□附加可选免赔额特约条款		免赔金额:		
保险费合计(人民币大写):		(¥: 元)		
特别约定				
保险合同争议解决方式选择	□诉讼 □提交________仲裁委员会仲裁			

本保险合同由保险条款、投保单、保险单、批单和特别约定组成。

投保人声明:保险人已将投保险种对应的保险条款(包括责任免除部分)向本人作了明确说明,本人已充分理解;上述所填写的内容均属实,同意以此投保单作为订立保险合同的依据。

投保人签名/签章:

____年____月____日

验车验证情况	□已验车 □已验证 查验人员签名:____年____月____日____时____分		
初审情况	业务来源:□直接业务 □个人代理 □专业代理 □兼业代理 □经纪人 □网上/电话业务 代理(经纪)人名称: 上年度是否在本公司承保:□是 □否 业务员签字:____年____月____日	复核意见	复核人签字: ____年__月____日

注:阴影部分内容由保险公司人员填写

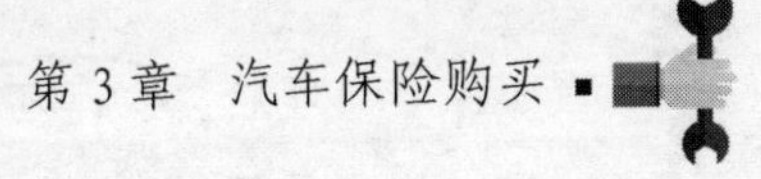

2. 投保单的填写

投保单是合同的组成部分之一,要求投保人必须如实填写(图 3-10)。

图 3-10　认真阅读保险条款

1) 投保人与被保险人的信息

填写要求:

(1) 投保人与被保险人为单位的,名称填写全称,应与公章名称一致;

(2) 投保人与被保险人为个人的,填写姓名,与身份证一致;

(3) 名称应与车辆行驶证相符,使用人或所有人称谓与行驶证不符或车辆是合伙购买与经营时,应在投保单规定位置注明,以便登录在保险单上。

(4) 地址是指法律确认的自然人的生活住所或法人的主要办事机构所在地。

(5) 根据被保险人单位性质,把汽车所属性质分为党政机关(团体) 车辆、事业单位车辆、军队(武警) 车辆、使(领) 馆车辆、个体或私营企业车辆、其他企业车辆、其他车辆等。

2) 投保车辆信息

填写要求:

(1) 被保险人与车辆的关系如为所有关系,则被保险人与车主为

同一人;如为使用或管理关系,则被保险人与车主不是同一人。此栏主要是看被保险人是否对标的车具有保险利益。

(2) 号牌号码。填写车辆管理机关核发的号牌号码并注明底色,如鲁 A×××××(蓝)。号牌号码应与车辆行驶证一致,号牌底色分蓝、黑、黄、白、白蓝、其他颜色等六类。

(3) 厂牌型号、发动机号、车架号、VIN 码等按照投保车辆行驶证或登记证的内容填写。对于新车,尤其注意要把登记证上的发动机号码、车架号、VIN 码中的字母和数字全部写完整;对于有 VIN 码的车辆,应以 VIN 码代替车架号。

(4) 核定载客/核定载质量。根据车辆行驶证注明的核定载客人数或核定载质量填写。客车填核定载客人数,货车填核定载质量,客货两用车填写核定载客人数/核定载质量。

(5) 排量/功率。汽车、摩托车填排量,拖拉机填功率。排量单位为 L,功率单位为 kW。

(6) 初次登记年月。根据行驶证上"登记日期"填写。它是理赔时确定车辆实际价值的依据。

(7) 已使用年限。指车辆自上路行驶到保险期限起始时的已使用年数,不足一年的不计算。

(8) 年平均行驶里程。指投保车辆自出厂到投保单填写日的实际已行驶的总里程与已使用年限的比值。一般根据里程表上显示的总里程数计算,如里程表有损坏或进行过调整、更换,应根据车辆实际已行驶的里程计算。

(9) 车身颜色。按照车身颜色的主色系在"黑、白、红、灰、蓝、黄、绿、紫、粉、棕"10 种颜色中归类选择一种颜色;多颜色车辆,应选择面积较大的一种颜色;有机动车辆登记证书的车辆,按照登记证书中的"车身颜色"栏目填写。如实在无法归入上述色系中,可作为"其他颜色"。

(10) 车辆种类。按照车辆行驶证上注明的车辆种类填写。车辆种类主要包括:货车、客车、客货两用车、挂车、摩托车(不含侧三轮)、侧三轮、农用拖拉机、运输拖拉机、低速载货汽车、特种车等种类,若为

特种车,还需要写明车辆用途。

(11) 汽车使用性质。车辆使用性质主要分营业与非营业两类。目前,多数保险公司又将其细分为家庭自用、非营业用(不含家庭自用)、出租/租赁、城市公交、公路客运、旅游客运、营业性货运等。

(12) 上一年是否在本公司投保商业车险,用以判定投保人能否享受无赔款优待以及优待比例,同时还判定投保人是否为本公司的续保客户或忠诚客户。

(13) 行驶区域。汽车可指定行驶区域,以获得费率优惠。指定行驶区域分省内行驶、固定行驶路线,对固定行驶路线的还需指明具体路线。

(14) 是否为未还清贷款的车辆? 如果是,贷款方是谁? 同时保险人一般会要求投保人选择保险范围较宽的险种,以保障财产的安全。

(15) 车损险与车身划痕险若选择汽车专修厂,则费率将上浮一定比例。

(16) 上一年度的赔款次数和交通违法行为是费率浮动的依据。

3) 驾驶员信息

填写要求:

(1) 不指定驾驶员的不用填写;

(2) 若指定驾驶员,可以指定 1 名,也可以指定多名;

(3) 指定驾驶员的姓名、性别、年龄、初次领证日期、驾驶证号码等信息应根据机动车驾驶证信息填写。

4) 保险期间

填写要求:

(1) 保险期限通常为 1 年,费率表中的费率是保险期限为 1 年的费率;

(2) 保险期限不足 1 年的按短期月费率计收保险费,不足一个月的按一个月计算;

(3) 短期保险费=年保险费×短期月费率系数。

5) 投保险种信息

填写要求:

(1) 交强险固定赔偿限额,保费根据上一年事故次数进行浮动;

(2) 对车辆损失保险,首先要告知客户合同为不定值保险合同,其次是要清楚新车购置价是指保险合同签订地购置与保险车辆同类型新车(含车辆购置税)的价格,最后按车辆信息从费率表中选取基础保费和相应费率;

(3) 对第三者责任险,根据车辆信息、个人确定的责任限额从费率表中选取不同档次的固定保险费;

(4) 其他险种的保险金额、责任限额及保费计算公式根据第二篇内容即可确定;

(5) 保费计算时注意费率优惠系数的适用险种。

6) 特别约定

填写要求:

(1) 特别约定内容不得与法律相抵触,否则无效。

(2) 投保单和保险单特别约定内容要一致,且在投保时向客户如实告知。

特别约定内容举例如下:

① 对保单收费的约定:

a. "在保险合同签订时交清保险费,否则本公司不承担保险责任";

b. "自起保之日起××日内交清保险费,否则本公司不承担保险责任";

c. "本保单保费分××期付款,第一期保费××元于起保前交清,剩余保费于××年××月××日前交清。逾期未交,发生保险事故,按出险时的保费到帐比例赔付"。

② 对投保车辆损失险的特别约定:

a. 如车损险保险金额未达到新车购置价,应约定"车损险不足额投保,出险后按比例赔付";

b. 除新车、未保车辆损失险的车辆、车辆损失险保额低于实际价值的车辆外,应约定"如标的车损超过出险时的实际价值,按出险时的实际价值计算赔偿"。

③ 对投保全车盗抢险的特别约定:

a. 如没有办理正式牌照,应约定“盗抢险自办理正式牌照并到本公司办理批改之日起生效,保险止期不变”;

b. 承保主要在本地使用的外省、市籍牌照车辆,可约定“盗抢险限在 * * 省、市内”。

④ 对投保玻璃单独破碎险的特别约定:

进口玻璃按国产玻璃投保,应约定“本车按国产玻璃收费,出险时按国产玻璃赔付”。

⑤对投保新增设备损失险的特别约定。

应准确列出新增设备明细及金额。

⑥ 对营业性大货车、长途客车:

应约定“装载必须符合国家法律法规中有关机动车辆装载的规定”。

7) 争议解决方式选择

填写要求:

争议处理方式分为仲裁和诉讼两种,根据投保人的要求选择相应的项目即可。

8) 投保人声明

填写要求:

投保人声明必须由投保人本人(本单位) 签章,如图3-11所示。

图3-11 投保人务必自己签名

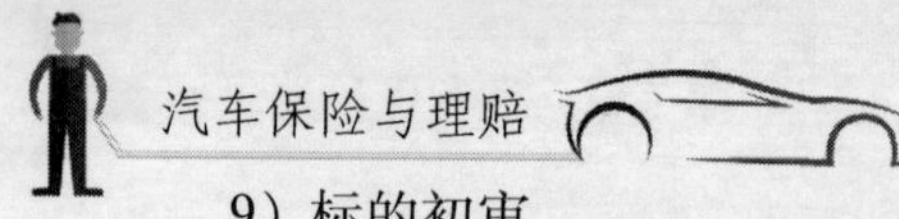

9）标的初审

填写要求：

（1）查验人员要写明验车或验证情况，并签名。

（2）业务来源要分类，业务员要签字。

（3）复核人签发意见并签名。

3. 投保单填写时的信息来源

（1）可参考机动车行驶证的信息。投保单中有关车辆信息需要根据行驶证上的信息确定，判定车主与被保险人是否一致时，也是根据行驶证来确定。行驶证是车辆投保和理赔时的重要证件，如图 3－12 所示。

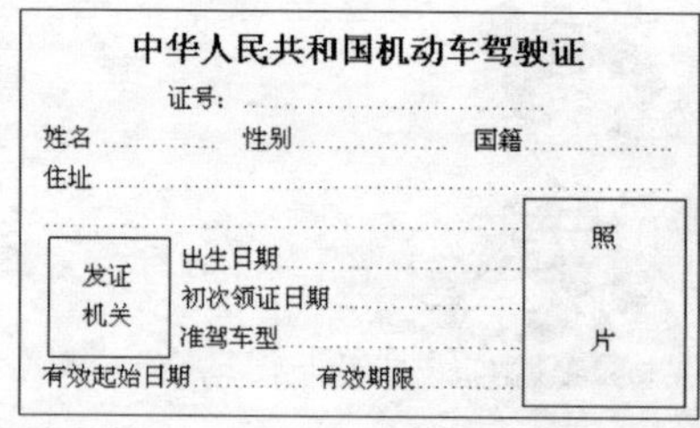
中华人民共和国机动车行驶证

号牌号码…………　车辆类型…………
所 有 人…………
住　　址…………
品牌型号…………　使用性质…………
发动机号…………
发证机关章　车辆识别代号…………
注册登记日期…………　发证日期…………

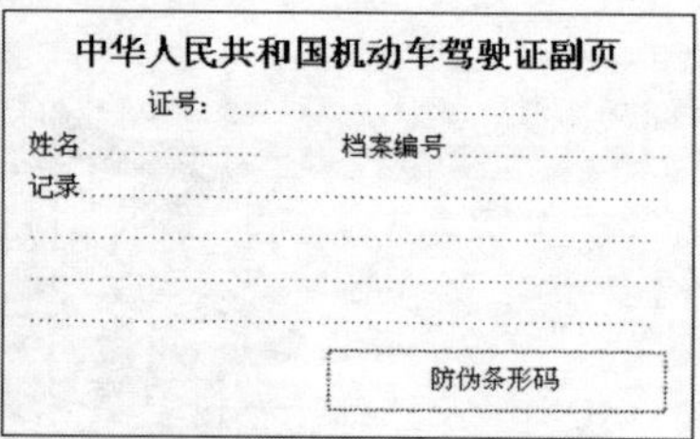
中华人民共和国机动车行驶证副页

号牌号码…………　车辆类型…………
总 质 量…………　整备质量…………
核定载质量…………　准牵引总质量…………
核定载客…………　驾驶室共承…………
货 厢 内　后轴钢板
部 尺 寸…………　弹簧片数…………
外廓尺寸…………
检验记录…………

图 3－12　机动车行驶证

（2）可参考机动车驾驶证的信息。投保单中如约定车辆驾驶员，则需要依据驾驶证上的信息，确定驾驶员的性别、年龄、驾龄等内容。驾驶证是车辆投保和理赔时的重要证件，如图 3－13 所示。

中华人民共和国机动车驾驶证

证号：…………
姓名…………　性别…………　国籍…………
住址…………
发证机关　出生日期…………　照片
初次领证日期…………
准驾车型…………
有效起始日期…………　有效期限…………

中华人民共和国机动车驾驶证副页

证号：…………
姓名…………　档案编号…………
记录…………
防伪条形码

图 3－13　机动车驾驶证

（3）可参考机动车登记证的信息。投保单中有关车辆信息也可根据机动车登记证上的信息确定，尤其是车身颜色，其他证件上没有

这一内容，只能根据登记证确定。登记证是车辆投保时的重要证件，如图3-14所示。

机动车登记证书编号：××××××××××××

注册登记摘要信息栏

Ⅰ	1. 机动车所有人/身份证明名称/号码					
	2.登记机关		3. 登记日期		4. 机动车登记编号	

过户、转入登记摘要信息栏

Ⅱ	机动车所有人/身份证明名称/号码					
	登记机关		登记日期		机动车登记编号	
Ⅲ	机动车所有人/身份证明名称/号码					
	登记机关		登记日期		机动车登记编号	
Ⅳ	机动车所有人/身份证明名称/号码					
	登记机关		登记日期		机动车登记编号	
Ⅴ	机动车所有人/身份证明名称/号码					
	登记机关		登记日期		机动车登记编号	
Ⅵ	机动车所有人/身份证明名称/号码					
	登记机关		登记日期		机动车登记编号	
Ⅶ	机动车所有人/身份证明名称/号码					
	登记机关		登记日期		机动车登记编号	

第1页

注册登记机动车信息栏

5. 车辆类型		6. 车辆品牌		
7. 车辆型号		8. 车身颜色		
9. 车辆识别代号/车架号		10. 国产/进口		
11. 发动机号		12. 发动机型号		
13. 燃料种类		14. 排量/功率	mL/　　kW	
15. 制造厂名称		16. 转向形式		
17. 轮距	前　　后　　mm	18. 轮胎数		
19. 轮胎规格		20. 钢板弹簧片数	后轴　　片	
21. 轴距	mm	22. 轴数		
23. 外廓尺寸	长　　宽　　高　　mm			33. 发证机关章
24. 货厢内部尺寸	长　　宽　　高　　mm			
25. 总质量	kg	26. 核定载质量	kg	
27. 核定载客	人	28. 准牵引总质量	kg	
29. 驾驶室载客	人	30. 使用性质		
31. 车辆获得方式		32. 车辆出厂日期		34. 发证日期

第2页

图3-14　机动车登记证书

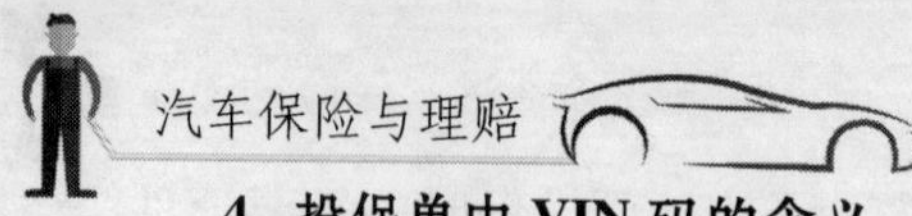

4. 投保单中 VIN 码的含义

VIN 码是 Vehicle Identification Number 的简称,由 17 位字符组成,俗称十七位码。VIN 的每位代码都代表汽车某一方面信息。按识别代码顺序,可识别出该车的生产国家、制造公司或生产厂家、车辆类型、品牌名称、车型系列、车身形式、发动机型号、车型年款、安全装置型号、检验数字、装配工厂名称和出厂顺序号码等。

车辆识别代码由三部分组成:世界制造厂识别代号(WMI)、车辆说明(VDS)、车辆指示(VIS)。

对年产量大于等于 500 辆的车辆制造厂,车辆识别代号如图 3-15所示。

对年产量小于 500 辆的汽车制造厂,车辆识别代号的第 1、2、3 位与第 12、13、14 位一起构成世界制造厂识别代号(WMI),生产顺序号只用第 15、16、17 位标出,如图 3-16 所示。

车辆识别代码组成中,WMI、VDS、VIS 含义如下:

(1) 世界制造厂识别代号是车辆识别代号的第一部分,该代号必须经过申请、批准和备案后方能使用。由国际组织按地理区域分配给各国,各国再分配给本国的制造厂。中国部分汽车生产厂家代码见表 3-3。

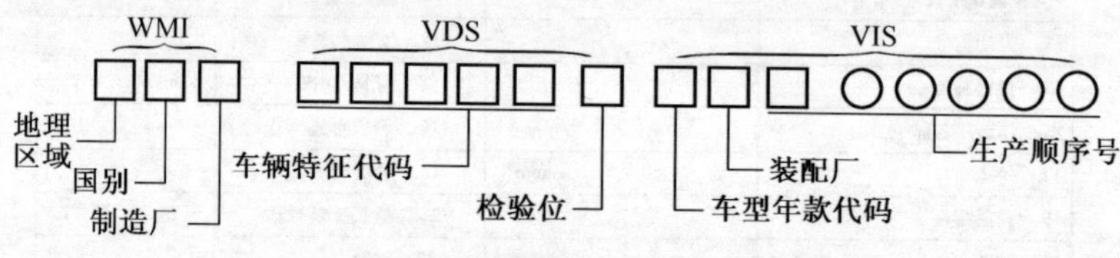

图 3-15 年产量小于等于 500 辆的车辆识别代号

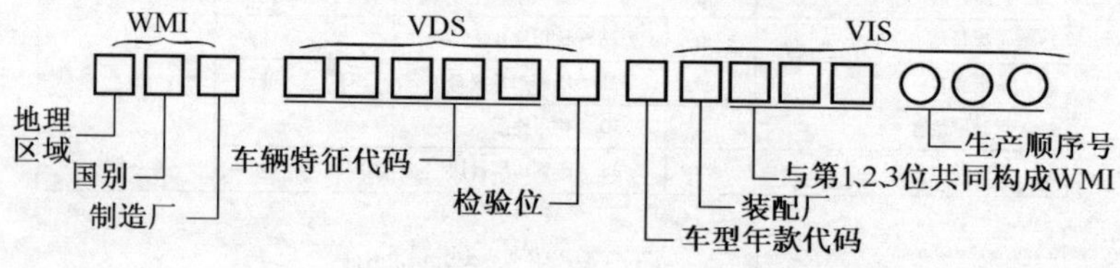

图 3-16 年产量小于 500 辆的车辆识别代号

表3-3　中国部分汽车生产厂家WMI代码

WMI	LSV	LFV	LDC	LEN	LHG
生产企业	上海大众	一汽大众	神龙富康	北京吉普	广州本田
WMI	LKD	LSY	LSG	LS5	LHB
生产企业	哈飞汽车	沈阳金杯	上海通用	长安汽车	北汽福田

（2）车辆特征说明部分为车辆识别代号的第二部分，由六位字码组成。如果车辆制造厂不使用其中的一位或几位字码，应在该位置用车辆制造厂选定的字母或数字来填充。VIN中的第4~8位对车型特征进行描述时，其代码及顺序由车辆制造厂决定，一般包含以下信息：车系，动力系统，发动机型号、变速器形式；车身形式；约束系统配置，气囊、安全带等；第9位为校验位，用0~9或X表示。

（3）车辆指示部分是车辆识别代号的第三部分，由八位字码组成。其中，第10位字码代表车辆年份，年份代码按表3-4的规定使用（30年循环一次），不能使用数字0或字母I、O、Q、U、Z；第11位使用字母或数字来指示装配厂，若无装配厂，制造厂可规定其他的内容；第12~17位代表汽车的生产顺序号。

表3-4　VIN的年份代码

年份	代码	年份	代码	年份	代码	年份	代码
2001	1	2011	B	2021	M	2031	1
2002	2	2012	C	2022	N	2032	2
2003	3	2013	D	2023	P	2033	3
2004	4	2014	E	2024	R	2034	4
2005	5	2015	F	2025	S	2035	5
2006	6	2016	G	2026	T	2036	6
2007	7	2017	H	2027	V	2037	7
2008	8	2018	J	2028	W	2038	8
2009	9	2019	K	2029	X	2039	9
2010	A	2020	L	2030	Y	2040	A

3.1.5 交纳保险费

投保人必须按约定的交费期限、保险费数额、交纳方式履行自己的交费义务。及时交费是保险合同生效的必要条件。

保险费的交纳数额应根据保险公司按照标准保费并进行风险修正和无赔款折扣后计算得出的数额确定。

保险费的交纳方式可以是现金,也可以刷卡交纳,十分方便。

3.1.6 等待保险公司的审核

保险公司除了要大量承揽业务以外,还要保证每笔业务的质量,否则,大量不符合要求的风险出现,将使公司赔付率上升,影响正常经营。保险核保是保险人对每笔业务的风险进行辨认、评估、定价,并确认保单条件,以选择优质业务进行承保的一种行为。所以,客户提交了投保单和核算出应交保险费后,还必须通过核保人员的审核。

3.1.7 领取保险单证

车辆投保后可领取9项保险单证,分别是:

(1) 交强险:保险单正本、保险单公安交管留存联、条款、发票、保险标志;

(2) 商业险:保险单正本、条款、发票、保险证;

1. 交强险保险单内容

交强险单证由保监会监制,全国统一式样。交强险单证分为交强险保险单(表3-5)、定额保险单(表3-6)和批单三个类别。除摩托车和农用拖拉机可使用定额保险单外,其他投保车辆必须使用交强险保险单。交强险保险单、定额保险单均由正本和副本组成。正本由投保人或被保险人留存,副本包括业务留存联、财务留存联和公安交管部门留存联。

2. 交强险保险标志类型

交强险标志分为内置型(图3-17)和便携型(图3-18)两种。具有前挡风玻璃的投保车辆应使用内置型;不具有前挡风玻璃的投保

车辆应使用便携型。

表 3－5　机动车交通事故责任强制保险单

保险单号：

被保险人						
被保险人身份证号码(组织机构代码)						
地　址					联系电话	
被保险机动车	号牌号码		机动车种类		使用性质	
	发动机号码		识别代码(车架号)			
	厂牌型号		核定载客	人	核定载质量	千克
	排　量		功　率		登记日期	
责任限额	死亡伤残赔偿限额	110000 元	无责任死亡伤残赔偿限额			11000 元
	医疗费用赔偿限额	10000 元	无责任医疗费用赔偿限额			1000 元
	财产损失赔偿限额	2000 元	无责任财产损失赔偿限额			100 元
与道路交通安全违法行为和道路交通事故相联系的浮动比率　%						
保险费合计(人民币大写)：　(¥：　元) 其中救助基金(%)¥：　元						
保险期间自　年　月　日零时起至　年　月　日二十四时止						
保险合同争议解决方式						
代收车船税	整备质量		纳税人识别号			
	当年应缴	¥：　元	往年补缴	¥：　元	滞纳金	¥：　元
	合计(人民币大写)：					
	完税凭证号(减免税证明号)				开具税务机关	
特别约定						
重要提示	1. 请详细阅读保险条款,特别是责任免除和投保人、被保险人义务。 2. 收到本保险单后,请立即核对,如有不符合或疏漏,请及时通知保险人并办理变更或补充手续。 3. 保险费应一次性交清,请您及时核对保险单和发票(收据),如有不符,请及时与保险人联系。 4. 投保人应如实告知对保险费计算有影响的或被保险机动车因改装、加装、改变使用性质等导致危险程度增加的重要事项,并及时通知保险人办理批改手续。 5. 被保险人应当在交通事故发生后及时通知保险人。					
保险人	公司名称： 公司地址： 邮政编码：　服务电话：　签单日期：　(保险人签章)					

核保：　　　　制单：　　　　经办：

表3-6　机动车交通事故责任强制保险摩托车定额保险单

（排气量250CC以上及侧三轮）

保险单号：

<table>
<tr><td colspan="2">被保险人</td><td colspan="2"></td><td colspan="3">被保险人身份证号码（组织机构代码）</td><td></td></tr>
<tr><td colspan="2">被保险人地址</td><td colspan="3"></td><td colspan="2">被保险人电话</td><td></td></tr>
<tr><td colspan="2">号牌号码</td><td></td><td>厂牌型号</td><td></td><td colspan="2">发动机号码</td><td></td></tr>
<tr><td colspan="2">识别代码（车架号）</td><td colspan="6"></td></tr>
<tr><td rowspan="2">责任限额</td><td colspan="2">死亡伤残赔偿
限额110000元</td><td colspan="3">医疗费用赔偿
限额10000元</td><td colspan="2">财产损失赔偿
限额2000元</td></tr>
<tr><td colspan="2">无责任死亡伤残
赔偿限额11000元</td><td colspan="3">无责任医疗费用
赔偿限额1000元</td><td colspan="2">无责任财产损失
赔偿限额100元</td></tr>
<tr><td colspan="8">保险费合计（人民币大写）：　　（￥：　元）其中救助基金（%）￥：　元</td></tr>
<tr><td colspan="8">保险期间自　　年　　月　　日零时起至　　年　　月　　日二十四时止</td></tr>
<tr><td rowspan="4">代收车船税</td><td>整备质量</td><td colspan="2"></td><td colspan="2">纳税人识别号</td><td colspan="2"></td></tr>
<tr><td>当年应缴</td><td>￥：　元</td><td>往年补缴</td><td>￥：　元</td><td>滞纳金</td><td colspan="2">￥　元</td></tr>
<tr><td colspan="7">合计（人民币大写）：　　（￥：　元）</td></tr>
<tr><td colspan="3">完税凭证号（减免税证明号）</td><td></td><td colspan="2">开具税务机关</td><td></td></tr>
<tr><td colspan="8">特别约定：本保险单涂改无效。</td></tr>
<tr><td>重要提示</td><td colspan="7">1. 请详细阅读保险条款，特别是责任免除和投保人、被保险人义务。
2. 收到本保险单后，请立即核对，如有不符合或疏漏，请及时通知保险人并办理变更或补充手续。</td></tr>
<tr><td colspan="3">投保人声明：保险人已将投保险种对应的保险条款（包括责任免除部分）向本人作了明确说明，本人已充分理解；上述所填写的内容均属实，同意签订本保险合同</td><td colspan="5">公司名称：
公司地址：
邮政编码：　　　服务电话：
签单日期：　年　月　日　（保险人签章）</td></tr>
</table>

核保：　　　　　　　　经办：

（a）正面

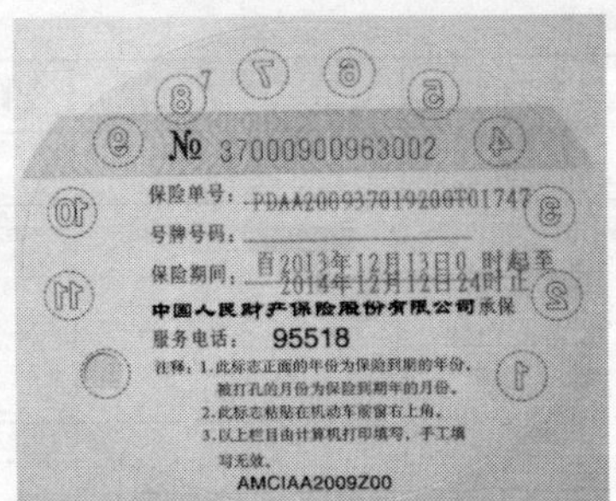

（b）背面

图 3－17　内置型交强险标志

（a）正面

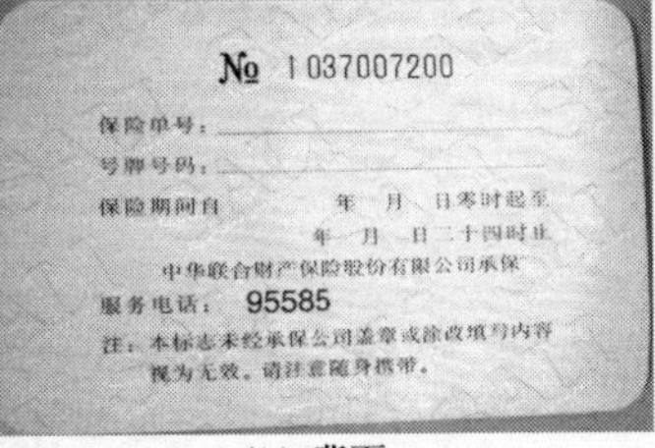

（b）背面

图 3－18　便携型交强险标志

3. 商业险保险单内容

用现行印制的商业险单证打印保单。盖章后清分，保单业务联归档，保单财务联交财务留存，保单正本(表 3－7) 交投保人。

表 3－7　××财产保险股份有限公司机动车保险单

<table>
<tr><td colspan="8">保险单号：
鉴于投保人已向保险人提出投保申请，并同意按约定交付保险费，保险人依照承保险种及其对应条款和特别约定承担赔偿责任。</td></tr>
<tr><td colspan="2">被保险人</td><td colspan="6"></td></tr>
<tr><td rowspan="5">保险车辆情况</td><td>号牌号码</td><td></td><td>厂牌型号</td><td colspan="4"></td></tr>
<tr><td>VIN 码</td><td></td><td>车架号</td><td></td><td>机动车种类</td><td colspan="2"></td></tr>
<tr><td>发动机号码</td><td></td><td>核定载客 人</td><td>核定载质量　千克</td><td colspan="3">已使用年限　　年</td></tr>
<tr><td>初次登记日期</td><td></td><td colspan="2">年平均行驶里程　　公里</td><td>使用性质</td><td colspan="2"></td></tr>
<tr><td>行驶区域</td><td colspan="3"></td><td>新车购置价</td><td colspan="2">元</td></tr>
</table>

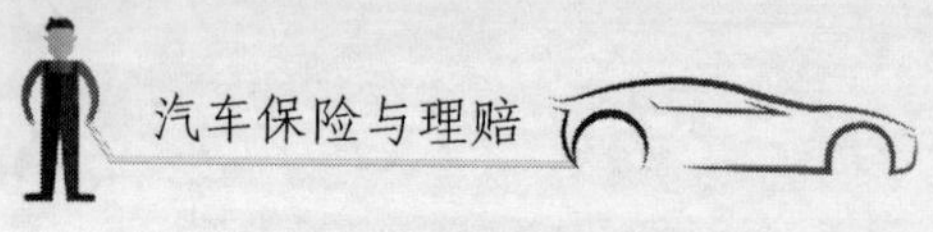

（续）

<table>
<tr><td>承保险种</td><td>费率浮动(±)</td><td>保险金额/责任限额(元)</td><td>保险费(元)</td></tr>
<tr><td></td><td></td><td></td><td></td></tr>
<tr><td></td><td></td><td></td><td></td></tr>
<tr><td></td><td></td><td></td><td></td></tr>
<tr><td></td><td></td><td></td><td></td></tr>
<tr><td></td><td></td><td></td><td></td></tr>
<tr><td></td><td></td><td></td><td></td></tr>
<tr><td colspan="4">保险费合计(人民币大写)：　　　　　　　　　　(￥:　　　　元)</td></tr>
<tr><td colspan="4">保险期间自　　年　　月　　日零时起至　　年　　月　　日二十四时止</td></tr>
<tr><td>特别约定</td><td colspan="3"></td></tr>
<tr><td colspan="4">保险合同争议解决方式</td></tr>
<tr><td>重要提示</td><td colspan="3">1. 本保险合同由保险条款、保险单、投保单、批单和特别约定组成。
2. 收到本保险单、承保险种对应的保险条款后，请立即核对，如有不符或疏漏，请在 48 小时内通知保险人并办理变更或补办手续；超过 48 小时未通知的，视为投保人无异议。
3. 请详细阅读承保险种对应的保险条款，特别是责任免除和投保人、被保险人义务。
4. 被保险机动车因改装、加装、改变使用性质等导致危险程度增加以及转卖、转让、赠送他人的，应书面通知保险人并办理变更手续。
5. 被保险人应当在交通事故发生后及时通知保险人。</td></tr>
<tr><td>保险人</td><td colspan="3">公司名称：　　公司地址：
联系电话：　　网址：
邮政编码：　　签单日期：　　（保险人签章）</td></tr>
</table>

核保：　　　　　　制单：　　　　　　经办：

4. 机动车辆保险证

保险单是被保险人向保险人索赔保险事故损失的法律凭证，被保险人应妥善保存。保险证是投保人购买汽车保险的凭证，内容简单，应随车携带，便于车辆出险后被保险人能及时向保险公司报案。

图 3-19所示为中国人民财产保险股份有限公司机动车保险证。

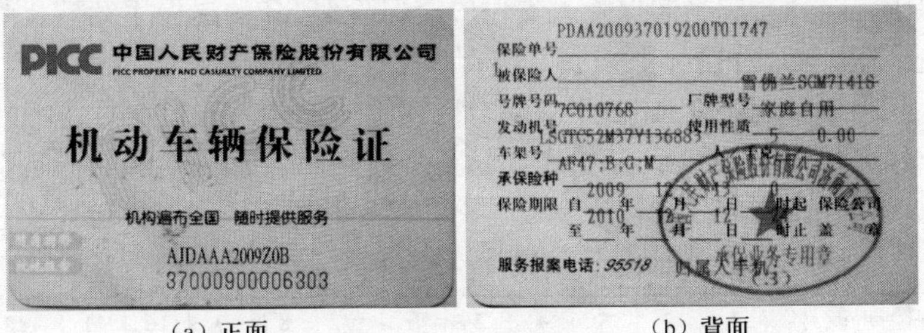

(a) 正面　　(b) 背面

图 3-19　中国人民财产保险股份有限公司机动车保险证

3.1.8　退保、批改与续保

1. 客户的退保

对于交强险来说,客户一般不可以退保,但遇特殊情况可以退保;对于商业保险来说,客户购买保险后,完全有权利要求退保,如图 3-20 所示。

(a) 高高兴兴买保险　　(b) 客户退保

图 3-20　保险公司应考虑客户为什么退保

交强险条款第 23 条规定,在下列三种情况下,投保人可以要求解除交强险合同:①被保险机动车被依法注销登记的;②被保险机动车办理停驶的;③被保险机动车经公安机关证实丢失的。交强险合同解除后,投保人应当及时将保险单、保险标志交还保险人;无法交回保险标志的,应当向保险人说明情况,征得保险人同意。

商业汽车保险条款一般规定:保险责任开始前,投保人要求解除本保险合同的,应当向保险人支付应交保险费5%的退保手续费,保险人应当退还保险费。保险责任开始后,投保人要求解除本保险合同的,自通知保险人之日起,本保险合同解除。保险人按短期月费率(表3-8)收取自保险责任开始之日起至合同解除之日止期间的保险费,并退还剩余部分保险费。

表3-8 短期月费率表

保险期间/月	1	2	3	4	5	6	7	8	9	10	11	12
短期月费率/%	10	20	30	40	50	60	70	80	85	90	95	100
注:保险期间不足一个月的部分,按一个月计算												

2. 合同的批改

车辆过户后,保险应当办理过户。如果没有办理,保险合同也继续有效。此时,若发生事故,新车主能获得保险赔偿。但新车主如果使车辆危险程度明显增加,且因此导致事故,则保险公司拒赔赔偿事故损失。

《保险法》第四十九条规定:

保险标的转让的,保险标的的受让人承继被保险人的权利和义务。

保险标的转让的,被保险人或者受让人应当及时通知保险人,但货物运输保险合同和另有约定的合同除外。

因保险标的转让导致危险程度显著增加的,保险人自收到前款规定的通知之日起三十日内,可以按照合同约定增加保险费或者解除合同。保险人解除合同的,应当将已收取的保险费,按照合同约定扣除自保险责任开始之日起至合同解除之日止应收的部分后,退还投保人。

被保险人、受让人未履行本条第二款规定的通知义务的,因转让导致保险标的危险程度显著增加而发生的保险事故,保险人不承担赔偿保险金的责任。

《机动车辆保险条款》规定:

在保险期间内,被保险机动车转让他人的,受让人承继被保险人的权利和义务。被保险人或者受让人应当及时书面通知保险人并办理批改手续。

因被保险机动车转让导致被保险机动车危险程度显著增加的,保险人自收到前款规定的通知之日起三十日内,可以增加保险费或者解除本保险合同。

3. 续保的好处

续保是指投保人在原有的保险合同即将期满时，向保险人提出继续投保的申请，保险人根据投保人的实际情况，对原有合同条件稍加修改而继续签约承保的行为。

续保业务一般在原保险期到期前一个月开始办理。

对投保人来说，通过及时续保，一方面可以从保险人那里得到连续不断的、可靠的保险保障与服务，另一方面，作为公司的老客户，可以在保险费率方面享受续保优惠。

3.2　注 意 事 项

3.2.1　投保前的注意事项

1. 知晓投保人拥有的权益

(1) 知情权。投保人有知晓保险公司财务状况和保险合同条款准确含义的权利。

保险公司的财务状况是否良好决定着其偿付能力是否充足，这会直接影响被保险人能否得到赔偿。投保人可以通过阅读保险公司对外提供的财务报表来了解其财务状况。

投保人在订立汽车保险合同时有权知晓合同条款的准确含义。投保人可以通过仔细阅读保险条款，并就其不明白的地方询问展业人员，展业人员应据实回答，尤其是关于责任免除条款的规定，不得含糊其词或作不真实的回答或承诺。

(2) 选择权。投保人的选择权包括选择公司和选择产品。

选择保险公司时，主要考虑其网点分布、售后服务。保险公司的网点分布决定了投保、理赔及其他商务往来的方便程度。保险公司的售后服务包括业务人员是否热情周到、恰如其分地介绍险种，及时办理手续，送达保险单，是否及时通报新险种、新服务，出险后赔付是否及时，是否耐心听取、真心解决顾客的投诉，是否注意与顾客的沟通。

挑选保险产品时，首先要注意所选险种的保险责任与自己的风险是否对应,因为保险公司只负责赔偿保险责任范围内的事故损失。其次,机动车辆保险产品的价格也是大多数投保人的考虑因素。

(3) 退保权。投保人具有随时退保的权利。退保分合同生效前退保、合同生效后退保。

合同生效前退保的,保险公司需扣减手续费退还保险费;合同生效后退保的,保险公司收取自保险责任开始之日起至合同解除之日止的保险费,退还剩余部分保险费。

(4) 被保密的权利。投保人在投保时履行如实告知义务、回答保险公司提问时涉及到自身业务情况或财产状况的一些重要信息,甚至是个人隐私,有被保密的权利。

2. 投保前应了解的问题

投保前主要做好咨询、调查、综合分析工作,根据自己的实际情况选择合适的险种,至少了解以下几个问题:

(1) 欲投保保险公司的情况;

(2) 保险产品的销售情况;

(3) 保险产品投保条件;

(4) 保险责任;

(5) 保险期限;

(6) 保险费与保险金额;

(7) 除外责任等。

3. 了解可以办理交强险业务的保险公司

《条例》规定,保险公司经保监会批准,可以从事交强险业务。未经保监会批准,任何单位或者个人不得从事交强险业务。

4. 了解交强险业务流程

交强险投保流程如图 3-21 所示。

3.2.2 投保中的注意事项

1. 交强险购买注意事项

为保障投保顺利,投保人购买交强险时应注意以下事项:

(1) 投保时,投保人应当如实填写投保单,向保险公司如实告知

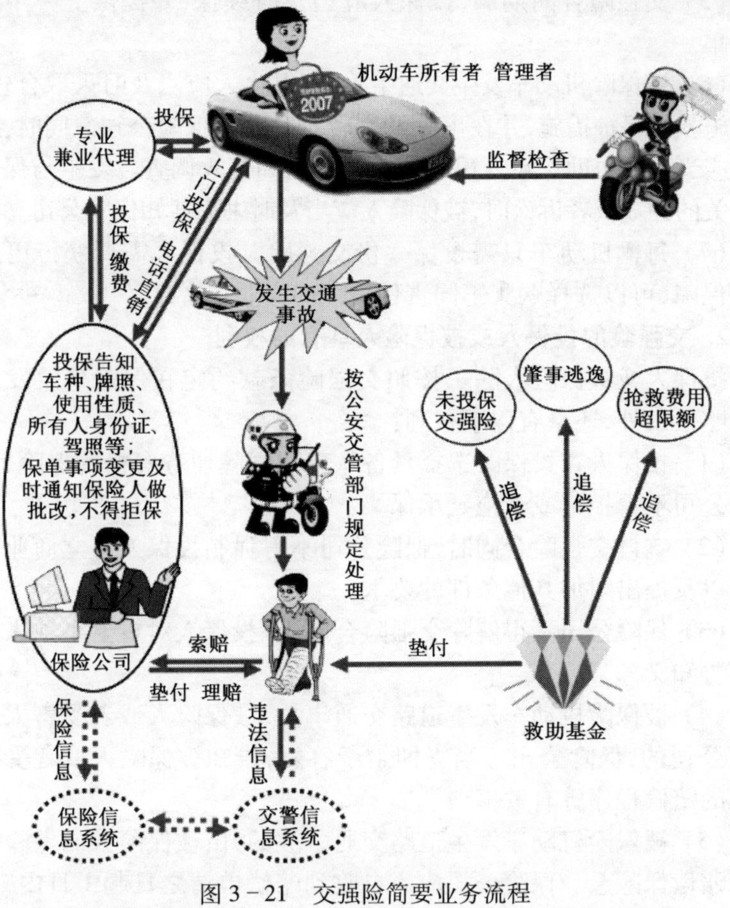

机动车所有者 管理者

投保

专业兼业代理

上门投保

监督检查

投保缴费

电话直销

发生交通事故

投保告知车种、牌照、使用性质、所有人身份证、驾照等；保单事项变更及时通知保险人做批改，不得拒保

按公安交管部门规定处理

肇事逃逸

未投保交强险

抢救费用超限额

追偿

追偿

追偿

保险公司

索赔

垫付　理赔

垫付

救助基金

保险信息

违法信息

保险信息系统

交警信息系统

图 3－21　交强险简要业务流程

重要事项，并提供被保险机动车的行驶证和驾驶证复印件。

（2）签订交强险合同时，投保人应当一次支付全部保险费。不得在保险条款和保险费率之外，向保险公司提出附加其他条件的要求。

（3）应当在被保险机动车上放置保险标志。

（4）在保险合同有效期内，被保险机动车因改装、加装、使用性质改变等导致危险程度增加的，被保险人应当及时通知保险公司，并办理批改手续。

（5）交强险合同期满，投保人应当及时续保，并提供上一年度的保险单。

（6）被保险机动车发生交通事故，被保险人应当及时采取合理、必要的施救和保护措施，并在事故发生后及时通知保险公司。同时，被保险人应当积极协助保险公司进行现场查勘和事故调查。发生与保险赔偿有关的仲裁或者诉讼时，被保险人应当及时书面通知保险公司。

（7）每辆机动车只需投保一份交强险。投保人需要获得更高的责任保障，可以选择购买不同责任限额的商业三者险。

2. 交强险的投保人或被保险人享有的权利

投保人或被保险人除了按照交强险条款约定在保险事故发生时获得赔偿以外，还享有以下权利：

（1）投保人在投保时选择具备从事交强险业务资格的保险公司，保险公司不得拒绝或者拖延承保。

（2）签订交强险合同时，保险公司不得强制投保人订立商业保险合同以及提出附加其他条件的要求。

（3）保险公司不得解除交强险合同（除投保人对重要事项未履行如实告知义务）。

（4）被保险机动车发生道路交通事故，被保险人或者受害人通知保险公司的，保险公司应当立即给予答复，告知被保险人或者受害人具体的赔偿程序等有关事项。

（5）被保险机动车发生道路交通事故的，由被保险人向保险公司申请赔偿保险金。保险公司应当自收到赔偿申请之日起 1 日内，书面告知被保险人需要向保险公司提供的与赔偿有关的证明和资料。

（6）保险公司应当自收到被保险人提供的证明和资料之日起 5 日内，对是否属于保险责任做出核定，并将结果通知被保险人；对不属于保险责任的，应当书面说明理由；对属于保险责任的，在与被保险人达成赔偿保险金的协议后 10 日内，赔偿保险金。

3. 合理选择保险产品

（1）应了解您自身的保险需求，即自身或经营管理过程中面临哪些风险，列出需通过保险转嫁的各种风险，然后请保险人提供合适的承保方案组合，投保人在保险预算范围内，选择最合适的投保方案，确定适合自身保险需求的保险产品（图 3－22）。

（2）在您投保时应根据您的风险承受能力确认是否足额投保，因为保险法规定“保险金额低于保险价值的，除合同另有约定外，保险人按照保险金额与保险价值的比例承担赔偿责任”，如不足额投保，发生保险事故后，保险公司将按照保险金额与保险价值的比例进行赔付，您将得不到足够的赔偿。

（3）可以向保险公司咨询相关产品，如图 3－23 所示，然后再根据个人需要做定夺。

图 3－22　这么多车险产品，如何选择呀

图 3－23　保险咨询

4. 商业险足额投保与不足额投保的选择

足额保险是指保险金额等于保险价值的保险；不足额保险是指保

险金额低于保险价值的保险。

1）足额保险的赔偿

车辆全部损失:在保险金额内计算赔偿,保险金额高于保险事故发生时保险车辆实际价值的,按保险事故发生时保险车辆的实际价值计算赔偿。

车辆部分损失:按实际修理费用计算赔偿,但不得超过保险事故发生时保险车辆的实际价值。若赔款大于等于实际价值,则按照实际价值赔付。

比如一辆价值 10 万元的车,足额投保,保险金额为 10 万元,当车辆全部损失时,保险公司应赔偿 10 万元,但如果出险时车辆的实际价值低于 10 万元,则按照实际价值赔偿;当车辆部分损失时,如修理费 2 万元,则按照实际修理费赔偿。

2）不足额保险的赔偿

车辆全部损失:保险金额高于保险事故发生时保险车辆实际价值的,以保险事故发生时保险车辆的实际价值计算赔偿;保险金额等于或低于保险事故发生时保险车辆实际价值的,按保险金额计算赔偿。

车辆部分损失:按保险金额与投保时保险车辆的新车购置价的比例计算赔偿,但不得超过保险事故发生时保险车辆的实际价值。若赔款大于等于实际价值,则按照实际价值赔付。

比如一辆价值 10 万元的车,不足额投保,保险金额为 8 万元,当车辆全部损失时,保险公司应赔偿 8 万元,但如果出险时车辆的实际价值低于 8 万元,则按照实际价值赔偿;当车辆部分损失时,如修理费 2 万元,则对实际修理费实行比例赔偿,即赔偿 2 *（8/10）= 1.6 万元,其余 0.4 万元由客户自担。

所以,从客户不自担修车费用的角度看,足额保险好于不足额保险。

5. 真假保险电话销售的识别

在我国,电话营销车险属于新生事物,还不成熟和完善,所以导致了在目前电话销售保险市场上,大量存在所谓的“野代理”等私人机构,随意拨打客户电话推销保险,如图 3 - 24 所示。这里提醒广大消费者,可以通过几种简单方式辨别电话营销的真假。

(1) 销售话术露马脚。正规电话销售都采取建立呼叫中心的形式,每通电话录音都会保留15年以备查询,因此在销售前都会有自动声音提示客户“来电会被录音以保护消费者权益”。同时,销售人员在同销售者沟通前,都会准确报出自己的姓名全称、身份和员工代码,以便消费者后续联系。比如任何消费者只要拨打95512即可找到平安电话车险曾经为您服务过的相应销售坐席。

图3-24 疯狂电话

(2) 来电号码现真伪。消费者可以通过来电显示号码准确区分正规电话销售和私人代理。以平安电话车险为例:平安电话车险全国统一来电号码为“021-95512”,且一个客户只可能收到唯一一位平安电话销售人员的电话。因为平安在上海建立了全国统一的电话销售中心,对所有销售人员进行集中规范的管理,所有电话都是由上海统一呼出的,决不会出现频繁骚扰消费者的现象。

(3) 保险单证差异大。正规电话销售的保险产品,在保险单上都会有明显的标记,以区别于传统渠道的保险单证。以人保电话车险为例,客户通过电话投保商业险后,人保本地客户服务人员会将标有“电话营销专用机动车辆保险单”的商业险保单送到客户手中。

在此提醒广大消费者,在收到电话营销人员来电的时候,一定要辨明真伪,只有正规的电话营销才能真正为您省去中间环节,体验价

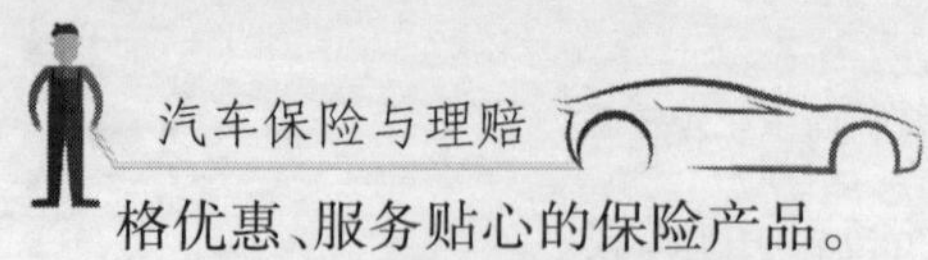

格优惠、服务贴心的保险产品。

6. 投保单填写注意事项

（1）了解责任和义务。购买保险时要仔细了解保险产品的相关条款内容，特别是保险责任、责任免除，投保人、被保险人的权利和义务，以免发生购买保险预期与实际的差异。

（2）填写投保单。在签署投保单之前，需要按上面提示仔细阅读投保单中事先印制的“投保须知”中的提示性文字，及保险条款所约定的各项内容。若有疑问，都需要尽快致电保险公司的客户服务热线或者联系保险业务代理人员进行询问（或者逐一核实对质）。投保单填写时要本人亲自根据投保单项目要求填写并签名，字迹清晰工整、不涂改、易辨别，一旦有涂改的地方，需要在其旁边签名确认，或者重新索要新的投保单进行填写，尽量减少日后可能会发生争议的隐患，在最后签名时，要采用平时的一贯签名，不可以随意签署，同时不要在空白的投保单上留下您的签名。

（3）客户告知义务。按照《保险法》规定：“投保人故意不履行如实告知义务的，保险人对于保险合同解除前发生的保险事故，不承担赔偿或者给付保险金的责任，并不退还保险费。”请在投保时务必如实告知保险公司保险标的的真实情况。

（4）提供准确信息。在投保时为了保护您的合法权益和便于保险公司给您提供后续服务，购买保险时请提供真实准确的客户姓名/名称、身份证号码/组织机构代码、联系地址、联系电话等信息。如果您的基本信息发生变更，为保障您的合法权益，应及时联系保险公司更新，涉及保险合同内容的要主动联系保险公司进行批改。

（5）确认投保结果。当您办理完投保手续，并按约定缴纳保险费，如在约定的时间内未收到相关保险单及保险发票，请拨打保险公司服务热线，及时与保险公司联系核实，您也可以通过登录保险公司网站查询、验证您的投保情况。

（6）投保单中投保人与被保险人不必须一致。在汽车保险中，投保人是指办理保险并支付保险费的人；被保险人是指受保险合同保障的汽车的所有者（行驶证上载明的车主）。如果车主为自己的汽车投

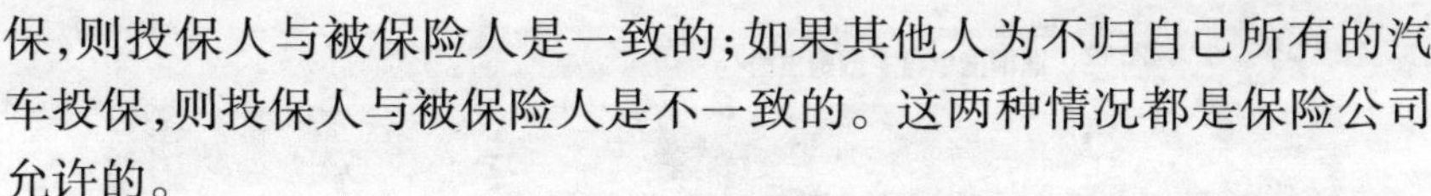

保,则投保人与被保险人是一致的;如果其他人为不归自己所有的汽车投保,则投保人与被保险人是不一致的。这两种情况都是保险公司允许的。

投保人与被保险人不一致会产生两方面影响:一方面,被保险人不负交保险费的义务,该项义务由投保人承担,即谁投保谁交保险费。另一方面,车辆发生部分损失时,可由投保人向保险公司索赔;车辆全部损失时(如车辆被盗抢、碰撞中车辆报废等),必须由被保险人向保险公司索赔,投保人没此项权利。在投保人与被保险人一致的情况下,则没有以上两方面的区别。

3.2.3 投保后的注意事项

1. 了解保险责任开始时间

保险责任开始时间应由双方在保险合同中约定。如果没有约定,则按保险实务中所规定的,于次日零时生效。投保人必须清楚合同生效时间,合同生效才对自己有保障,否则,保险公司不承担赔偿责任。

2. 注意对保险车辆的安全维护

对车辆的安全维护,是被保险人应尽的义务,也是享受保险合同保障的前提条件。

3. 投保人具有退保的权利

对保险公司服务不满意的,投保人具有随时退保的权利。退保时,保险公司应收取自保险责任开始之日起至合同解除之日止的保险费,退还剩余部分保险费。

4. 车险保单信息可以网上查询

目前,多数开展车险业务的保险公司都开通了保单信息网上查询业务,在查询系统上输入保单号码、被保险人证件号等信息后,使客户可以足不出户,轻松查询自己的保险信息和理赔信息,让生活变得更加便捷轻松。中华联合财产保险股份有限公司的网上查询界面如图3-25所示。

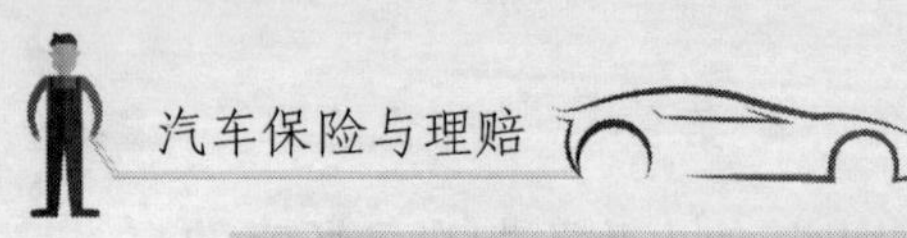

图 3-25　中华联合财产保险股份有限公司的保险信息网上查询系统界面

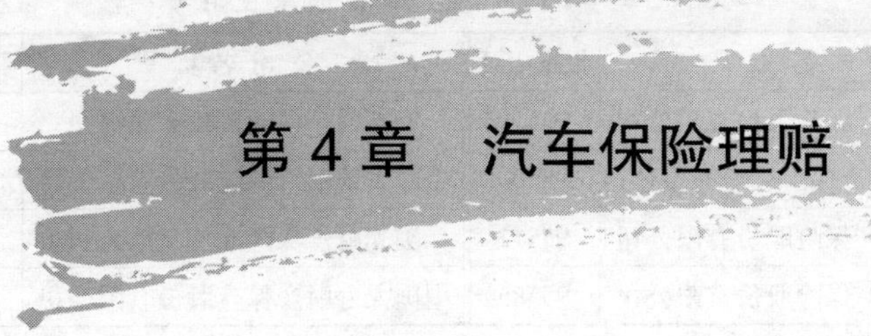

第 4 章　汽车保险理赔

4.1 索 赔 实 务

汽车保险理赔是从保险公司角度而言的,而索赔是从被保险人角度而言的。当出现保险事故后,被保险人可就自己的事故损失向保险人提出索赔请求,这是被保险人的权利。那么,车险索赔到底有哪些程序,应注意哪些问题呢?

4.1.1　车险索赔程序

被保险机动车出险后被保险人向保险公司索赔时应按如下程序进行:出险通知→配合查勘→提出索赔→领取赔款→权益转让。

1. 出险通知

汽车出险后,被保险人应及时通知保险公司,否则,造成损失无法确定或扩大的部分,保险公司将不予赔偿。

报案有上门、电话、传真等方式,其中电话报案快捷方便(图 4-1),各保险公司报案电话如表 4-1 所列。

图 4-1　汽车事故的电话报案

表 4-1 部分车险公司报案电话

公 司 名 称	报案电话	公 司 名 称	报案电话
中国人民财产保险股份有限公司	95518	安邦财产保险股份有限公司	95569
中国太平洋财产保险股份有限公司	95500	中国大地财产保险股份有限公司	95590
中国平安财产保险股份有限公司	95512	阳光财产保险股份有限公司	95510
中华联合财产保险股份有限公司	95585	中国人寿财产保险股份有限公司	95519

可接受报案的部门有理赔部门、客服中心等。

报案时需说明的内容包括保单号码、被保险人姓名、车型、牌照号码、出险时间、出险地点、出险原因、事故类型、受损情况、报案人姓名、联系电话、驾驶员姓名等，如涉及第三者，还需说明第三方车辆的车型、牌照号码等信息。

客户出险报案时，应填写出险报案表。若被保险人用电话报案，应从现场根据查勘员的指导填写出险报案表。

2. 配合查勘

接案后，保险公司会派人到现场查勘，并通过拍照、记录等手段来掌握第一手材料，这些材料是判断事故是否属于保险责任以及计算、确定赔偿金额的重要依据。

如果上述材料不准确，会给判断事故是否属于保险责任和计算、确定赔偿金额造成困难。因此，被保险人应积极协助查勘。

为便于客户索赔，保险公司都印制了保险索赔须知(表 4-2)。针对不同事故类型，保险公司要求提供不同的索赔单证，查勘员到现场后将索赔须知填写好后发放给客户，如图 4-2 所示。

表 4-2 ××财产保险公驾驶员动车辆保险索赔须知

机动车辆保险索赔须知			
(被保险人名称/姓名)：			
由于您投保的机动车辆发生了事故，请您在向我公司提交《机动车辆保险索赔申请书》的同时，依照我公司的要求，提供以下有关单证。如果您遇到困难，请随时拨打××保险公司的服务专线电话“×××××”，我公司将竭诚为您提供优质、高效的保险服务。 谢谢您的合作！			

(续)

机动车辆索赔材料手续明细如下:
1. □《机动车辆保险索赔申请书》
2. □机动车辆保险单正本 □保险车辆互碰卡
3. 事故处理部门出具的:□交通事故责任认定书 □调解书 □简易事故处理书 □其他事故证明( )
4. 法院、仲裁机构出具的:□裁定书 □裁决书 □调解书 □判决书 □仲裁书
5. 涉及车辆损失还需提供:□《机动车辆保险车辆损失情况确认书》及《修理项目清单》和《零部件更换项目清单》 □车辆修理的正式发票(即"汽车维修业专用发票") □修理材料清单 □结算清单
6. 涉及财产损失还需提供:□《机动车辆保险财产损失确认书》 □设备总体造价及损失程度证明 □设备恢复的工程预算 □财产损失清单 □购置、修复受损财产的有关费用单据
7. 涉及人身伤、残、亡损失还需提供: □县级以上医院诊断证明 □需要护理人员证明 □残者需提供法医伤残鉴定书 □被抚养人证明材料 □户口 □交通费报销凭证 □参加事故处理人员工资证明 □伤、残、亡人员误工证明及收入情况证明(收入超过纳税金额的应提交纳税证明) □护理人员误工证明及收入情况证明(收入超过纳税金额的应提交纳税证明) □向第三方支付赔偿费用的过款凭证(须由事故处理部门签章确认)

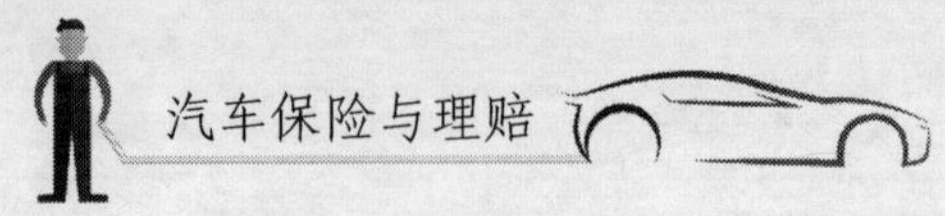

（续）

<table>
<tr><td colspan="4">□出院通知书
□医疗费报销凭证（须附处方及治疗、用药明细单据）
□亡者需提供死亡证明
□户籍派出所出具的受害者家庭情况证明
□丧失劳动能力证明
□住宿费报销凭证</td></tr>
<tr><td colspan="4">8. 涉及车辆盗抢案件还需提供：
□机动车行驶证（原件） □出险地县级以上公安刑侦部门出具的盗抢案件立案证明
□已登报声明的证明 □车辆购置附加费凭证和收据（原件）或车辆购置税完税证明和代征车辆购置税缴税收据（原件）或免税证明（原件） □机动车登记证明（原件）
□车辆停驶手续证明 □机动车来历证明 □全套车钥匙</td></tr>
<tr><td colspan="4">9. 被保险人索赔时，还须提供以下证件原件，经保险公司验证后留存复印件：
□保险车辆《机动车行驶证》 □肇事驾驶人员的《机动车驾驶证》</td></tr>
<tr><td colspan="4">10. 被保险人领取赔款时，须提供以下材料和证件，经保险公司验证后留存复印件：
□领取赔款授权书 □被保险人身份证明 □领取赔款人员身份证明</td></tr>
<tr><td colspan="4">11. 需要提供的其他索赔证明和单据：
（1） （2）
（3） （4）</td></tr>
<tr><td colspan="4">敬请注意：为确保您能够获得更全面、合理的保险赔偿，我公司在理赔过程中，可能需要您进一步提供上述所列单证以外的其他证明材料。届时，我公司将及时通知您。感谢您对我们工作的理解与支持！</td></tr>
<tr><td>被保险人</td><td></td><td>保险公司</td><td></td></tr>
<tr><td colspan="2">领到《索赔须知》日期： 年 月 日</td><td colspan="2">交付《索赔须知》日期： 年 月 日</td></tr>
<tr><td>确认签字</td><td></td><td>经办人签字</td><td></td></tr>
<tr><td colspan="2">提交索赔材料日期： 年 月 日</td><td colspan="2">收到索赔材料日期： 年 月 日</td></tr>
<tr><td>确认签字</td><td></td><td>经办人签字</td><td></td></tr>
</table>

3. 提出索赔

被保险人向保险公司索赔时，应填写索赔申请书（表4－3），同时向保险公司提供与确认事故的性质、原因、损失程度等有关的证明和资料作为索赔证据（图4－3）。

图 4-2　索赔须知

表 4-3　某保险公司机动车辆保险索赔申请书

被保险人			保单号码	
厂牌型号			车牌号码	
发动机号			车架号码	
出险时间	年　月　日　时　分		出险地点	
报案时间	年　月　日　时　分		是否第一现场报案	□是　□否
保险期限	自　年　月　日零时起至　年　月　日二十四时止			
事故类型	□单方　□双方　□其他		车辆初次登记日期	年　月　日
使用性质	□家庭自用　□非营业　□营业 □摩托车、拖拉机　□特种车			
处理方式	□交警　□保险公司　□自行处理　□其他事故处理部门			
驾驶人员情况	驾驶员		联系电话	
	驾驶证号			
	准驾车型	□A □B □C □其他	固定驾驶员	□是　□否
出险经过:(请您如实填报事故经过,报案时的任何虚假、欺诈行为,均可能成为保险人拒绝赔偿的依据。)				
损失及施救情况: 查勘员签字: 年　月　日			《机动车辆保险索赔须知》已收悉。 驾驶员签字: 被保险人联系电话: 被保险人签章: 年　月　日	

图 4-3　提供索赔证明和资料

4. 领取赔款

当保险公司确定了赔偿金额后,会通知被保险人领取赔款。被保险人应提供身份证明(原件)。找他人代领的,需被保险人签署《领取赔款授权书》和代领人身份证明(原件)。

目前,有些保险公司要求客户在索赔时直接提供个人的银行账户,可以将赔款直接打到个人账户上(图 4－4)。

图 4－4　领取赔款

5. 权益转让

事故由第三方引起的,保险公司可先向被保险人赔偿,但被保险人需将向第三方索赔的权利转让给保险公司,再由保险公司向第三方追偿。

4.1.2　被保险人索赔时需要提供的单证

根据事故不同,涉及的险种不同,车险索赔所需资料(图4-5)也有所差别,具体见表4-4。

表4-4　车险索赔需车主提供的资料

车损需提供:1、2、3、5(或6)、7	物损需提供:1、3、5、7、8、9
人伤需提供:1、3、5、7、10	残疾需提供:1、3、5、7、10、11、12
死亡需提供:1、3、5、7、12、13	盗抢需提供:1、3、7、15、16、17
营运车、特种车还需提供:4	外地代查还需提供:19
法院调解、判决或仲裁委员会仲裁的还需提供:14	特殊事故还需提供:18、21
火灾、自燃及自然灾害的还需提供:20	
单证列表	
1. 索赔申请书;	
2. 车辆损失情况确认书、维修发票、维修明细清单、施救费发票;	
3. 驾驶证正副本、行驶证正副本、《身体条件证明》回执;	
4. 从业资格证或特种车操作证(营运车、特种车);	
5. 交通事故认定书(或证明)、交通事故损害赔偿调解书、交通事故经济赔偿凭证;	
6. 单方事故出险地派出所证明;	
7. 被保险人身份证或营业执照;	
8. 财产损失确认书、购置或修复受损财产费用发票,或工程预决算以及评估报告;	
9. 公路设施、路面、树木等损失明细及赔偿凭证;	
10. 县级以上医院的门诊病历、住院病历、诊断证明、转院证明、医疗费用清单、交通费、参加处理人员的住宿费、后续治疗证明、伤者及护理人员工资和纳税证明;	
11. 交通事故评残证明、残疾用具证明;	
12. 被抚养人户籍证明、丧失劳动能力证明、家庭关系证明;	
13. 交通事故死亡的法医鉴定书或医学证明书、户口注销证明、火化证明;	
14. 法院调解书或判决书、仲裁委员会仲裁书、付款收据;	
15. 保单正本、保险发票、保卡;	
16. 车辆来历凭证、机动车登记证书、附加税完税证明或免税证明;	

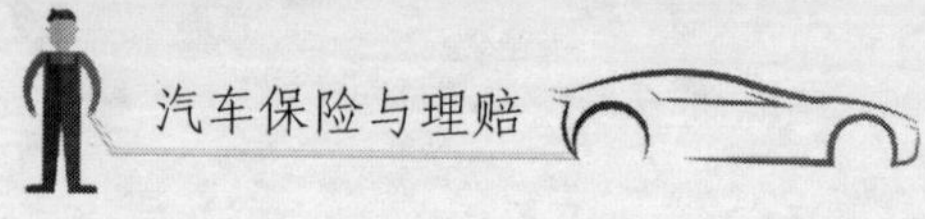

（续）

17. 车管所注销证明、县级以上公安机关立案证明及未侦破证明、登报声明、全套车钥匙、权益转让书；
18. 非交警所辖公路、场院、码头、仓库的保险事故由派出所或法院出具的调解书、判决书；
19. 代查勘材料；
20. 消防部门出具的火灾鉴定报告、气象部门出具的暴雨证明、暴风证明等；
21. 其他证明材料

图 4－5　携带索赔资料进行索赔

4.1.3　被保险人的索赔权益

1. 有及时获得损失赔偿的权益

保险公司进行查勘后，应将审查结果及时通知被保险人。若认为有关证明和资料不完整，应通知被保险人及时补充。如保险公司认定事故属于保险责任，被保险人有权获得及时赔偿（图 4－6）。如事故不属于保险责任，保险公司应以书面形式通知拒赔。赔款获取的时间根据《保险法》第二十四条规定，应在保险公司与被保险人达成赔偿协议后 10 日内支付；若超过 10 日，保险公司除支付赔款外，还应赔偿被保险人因未及时获得赔款而受到的损失。

图4-6 索赔

2. 有及时获得相关费用赔偿的权益

在确定事故损失的过程中,被保险人不可避免地会产生一些费用开支。如:为取得有关证明和资料而支出的鉴定费,以及在牵扯第三者的事故中发生的诉讼费、仲裁费、律师费等,根据《保险法》第四十九、五十一条规定,应由保险公司承担。

3. 有对保险公司赔偿提出异议的权益

被保险人如果认为保险公司的赔偿决定与自己的预期不相符,有权对其提出异议,要求保险公司予以解释,必要时可以向仲裁机关或向人民法院起诉来保护自己的合法权益。

4. 有获取保险公司代位追偿超过其支付赔款的多余部分的权益

保险公司代位追偿的金额以其向被保险人支付赔款的金额为限,如保险公司代位追偿的金额大于其支付的赔款,则超过部分应还给被保险人,保险公司不能自留下来。

5. 可就自己实际损失与保险公司赔偿的差额部分向第三方继续请求赔偿的权益

如果被保险人因事故的损失大于保险公司的赔款,即使向保险公司转让了代位追偿权,并不影响被保险人就保险公司赔偿不足部分向第三方继续请求赔偿的权利。

4.1.4 索赔注意事项

在索赔阶段,被保险人应避免一些错误做法,以免索赔受阻。

1. 未经保险公司认可不要擅自修复受损车辆

实践中，一些被保险人为避免不耽误使用车辆，往往先将车送修，然后再向保险公司索赔，其实这是一种错误的做法，会给索赔带来麻烦。根据车险条款的规定，车辆出险后，被保险人应会同保险公司检验车辆，协商确定修理项目、方式和费用。否则，保险公司有权重新核定或拒绝赔偿。

2. 被保险人不要对第三者自行承诺赔偿金额

按照车险条款规定，事故牵扯第三者的，保险公司将按有关规定在责任限额内核定赔偿金额。未经保险公司书面同意，被保险人自行承诺的赔偿金额，保险公司有权重新核定。

3. 被保险人不要在保险公司赔偿前放弃向第三者索赔的权利

在保险公司支付赔款之前，向第三者请求赔偿的权利属于被保险人。此时被保险人有权放弃向第三者请求赔偿的权利，但这也意味着放弃了向保险公司索赔的权利，这将损害自身的利益。当保险公司向被保险人支付赔款后，被保险人未经保险公司同意放弃对第三者请求赔偿权利的行为无效。

4. 被保险人索赔时应实事求是

如有隐瞒事实、伪造单证、制造假案等行为发生，被保险人除将有可能因此而受到法律制裁外，还有可能遭到保险公司拒赔。

4.1.5 索赔时常见的免赔情况

保险公司制定保险条款时，一般规定一个免赔率(图 4－7)。其目的是使客户与保险公司风险共担，降低客户因购买了保险而放松了对使用汽车的警惕，此时容易因疏忽大意增加事故频度。各险种的免赔率规定如下：

1. 三者险免赔率

(1) 负次要事故责任的免赔率为 5%，负同等事故责任的免赔率为 10%，负主要事故责任的免赔率为 15%，负全部事故责任的免赔率为 20%；

(2) 违反安全装载规定的，增加免赔率 10%；

图 4-7　车险免赔

（3）投保时指定驾驶人，保险事故发生时为非指定驾驶人使用被保险机动车的，增加免赔率 10%；

（4）投保时约定行驶区域，保险事故发生在约定行驶区域以外的，增加免赔率 10%。

2. 家庭自用车损失险免赔率

（1）负次要事故责任的免赔率为 5%，负同等事故责任的免赔率为 8%，负主要事故责任的免赔率为 10%，负全部事故责任或单方肇事事故的免赔率为 15%；

（2）被保险机动车的损失应当由第三方负责赔偿的，无法找到第三方时，免赔率为 30%；

（3）被保险人根据有关法律法规规定选择自行协商方式处理交通事故，不能证明事故原因的，免赔率为 20%；

（4）投保时指定驾驶人，保险事故发生时为非指定驾驶人使用被保险机动车的，增加免赔率 10%；

（5）投保时约定行驶区域，保险事故发生在约定行驶区域以外的，增加免赔率 10%。

3. 车上人员责任险免赔率

（1）负次要事故责任的免赔率为 5%，负同等事故责任的免赔率

为8%,负主要事故责任的免赔率为10%,负全部事故责任或单方肇事事故的免赔率为15%;

(2)投保时指定驾驶人,保险事故发生时为非指定驾驶人使用被保险机动车的,增加免赔率10%;

(3)投保时约定行驶区域,保险事故发生在约定行驶区域以外的,增加免赔率10%。

4. 全车盗抢险免赔率

(1)发生全车损失的,免赔率为20%;

(2)发生全车损失,被保险人未能提供机动车行驶证、机动车登记证书、机动车来历凭证、车辆购置税完税证明(车辆购置附加费缴费证明)或免税证明的,每缺少一项,增加免赔率1%;

(3)投保时指定驾驶人,保险事故发生时为非指定驾驶人使用被保险机动车的,增加免赔率5%;

(4)投保时约定行驶区域,保险事故发生在约定行驶区域以外的,增加免赔率10%。

5. 附加险免赔率

(1)自燃损失险:每次赔偿实行20%的免赔率;

(2)车身划痕损失险:每次赔偿实行15%的免赔率;

(3)新增加设备损失保险:每次赔偿的免赔率以本条款所对应的车辆损失险条款规定为准;

(4)发动机特别损失险:每次赔偿均实行20%的免赔率;

(5)交通事故精神损害赔偿责任保险:每次事故赔偿实行20%的免赔率;

(6)油污污染责任保险:每次事故赔偿实行20%的免赔率;

(7)多次出险增加免赔率特约条款:附加本特约条款的被保险机动车在保险期间内发生多次保险事故的(自然灾害引起的事故除外),免赔率从第三次开始每次增加5%,累计增加免赔率不超过25%;

(8)约定区域通行费用特约条款:每次赔偿的免赔率以本特约条款所对应的主险条款规定为准。

4.1.6　索赔遭拒绝的常见情况

买了保险,不等于任何损失保险公司都赔,一些情况下的索赔,可能会遭到保险公司的拒绝(图 4－8)。

图 4－8　索赔遭拒

(1) 车辆未按期检测(图 4－9):保险合同只对合格车辆生效,对于未按期检测的机动车,保险公司视为不合格,该情况下发生的事故,保险公司当然拒赔。

图 4－9　车辆未按期检测的保险拒赔

(2) 车辆无牌照:车辆出险时必须具备公安交通管理部门核发的有效行驶证及号牌,否则保险公司将拒绝赔偿事故损失。

(3) 车辆在收费停车场或营业性修理厂出险:保险公司认为收费停车场或营业性修理厂对车辆负有保管责任,在保管期间因保管人管

理不善造成车辆损毁、丢失的，保管人应承担相应责任，故保险公司不会赔偿事故损失。

(4) 驾驶证未按期审核：驾驶员逾期没有年审，驾驶机动车便属违法行为，保险公司可以根据保险合同拒绝理赔。

(5) 酒后肇事(图 4-10)：饮酒开车，会降低驾驶员的应急反应能力，增加出事故的概率，因此交通安全法规严令禁止饮酒开车。违法行为产生的事故损失，保险公司拒绝赔付。

图 4-10 酒后肇事保险拒赔

(6) 被保险人、车辆驾驶员及其家庭成员受害：根据第三者责任险的责任免除的规定，被保险人、被保险车辆的驾驶员不属于第三者，当他们成为事故受害者时，不能获得保险公司的赔偿。

(7) 车轮单独损坏：如果被保险车辆仅车轮单独损坏，车轮包括轮胎、轮辋、轮毂罩，而其他部位未发生损坏，保险公司认为此损失极易产生道德风险，故在保险条款中规定不予赔偿。

(8) 牵引没保险的车撞车不赔：如果因为开车牵引一辆没有投保第三者责任险的车辆上路，与其他车辆相撞并负全责，保险公司不会对此做任何赔偿。

(9) 非被保险人允许的驾驶人员使用保险车辆肇事：保险条款规定，驾驶人员使用保险车辆必须征得被保险人的允许，否则，造成的车辆损失，保险公司不负责赔偿。

(10) 利用保险车辆从事违法活动：利用保险车辆从事违法活动不利于社会安定，不符合保险稳定社会生产和社会生活的宗旨，保险公司不予保障。

4.1.7 索赔中的投诉

如果客户对保险服务不满意，可通过多种渠道进行投诉(图4-11)。

图4-11 客户投诉

(1) 拨打保险公司的服务热线投诉(图4-12)，公司有专门的人员负责处理。

图4-12 拨打保险公司服务热线投诉

(2) 向保险行业协会投诉。客户就有关保险纠纷等问题，可以通过中国保险行业协会进行投诉。行业协会将会及时给予处理，并可通过行业协会网站进行反馈查询。也可以向省级或者各市的保险行业协会投诉。

（3）向保险监管部门投诉。

多种渠道，都可使客户实现维权（图 4－13）。

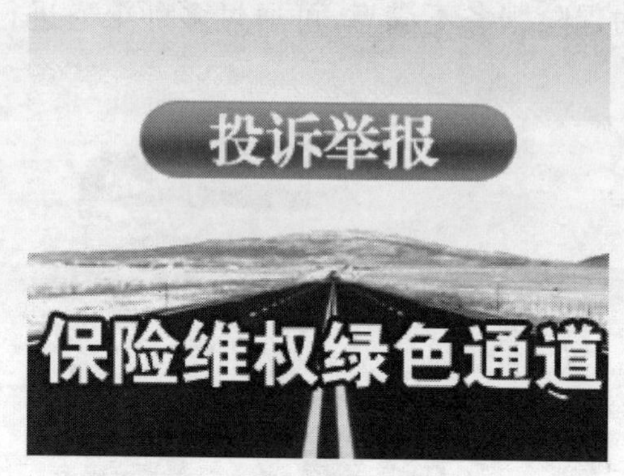

图 4－13　维权通道

4.1.8　索赔中的争议处理

当保险合同双方对合同内容的解释产生异议（图 4－14），又无法达成妥协时，即产生了保险合同的争议。其处理方法通常有协商、调解（图 4－15）、仲裁和诉讼四种。

图 4－14　条款异议

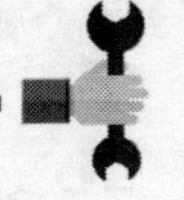

图 4－15　调解解决争议

4.2　查勘与定损

4.2.1　汽车保险理赔概述

1. 理赔含义

汽车保险的理赔是指保险车辆在发生保险责任范围内的损失后，保险人依据保险合同对被保险人提出的索赔请求进行处理的行为（图 4－16）。

图 4－16　保险理赔

保险汽车发生风险事故后，被保险人造成的经济损失有的属于保险责任范围，有的则属于责任免除范围。即使被保险人的损失属于保险责任，损失额也不一定等于获赔额，所以，汽车保险理赔涉及双方权

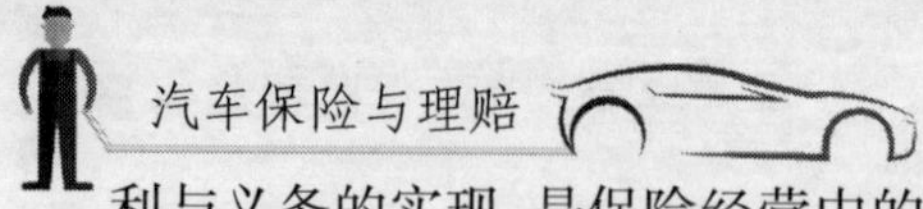

利与义务的实现，是保险经营中的一项重要内容。

2. 理赔流程

根据车险理赔的操作流程，可将理赔工作分为六个步骤，即：受理案件→现场查勘→损失确定→赔款理算→核赔→赔付结案。

(1) 受理案件是指保险人接受被保险人的报案，并对相关事项做出安排。受理案件是汽车保险理赔工作的第一步。

(2) 现场查勘是指运用科学的方法和现代技术手段，对保险事故现场进行实地勘察和查询，将事故现场、事故原因等内容完整而准确地记录下来的工作过程。现场查勘是查明保险事故真相的重要手段，是分析事故原因和认定事故责任的基本依据，也为事故损害赔偿提供了证据。所以，各保险公司均建立了合理的服务网络，配备了完善的查勘工具，有一定数量且经验丰富的查勘人员，予以保证现场查勘工作的快速、有效。

(3) 损失确定是根据保险合同的规定和现场查勘的实际损失记录，在尊重客观事实的基础上，确定保险责任，然后开展事故定损和赔款计算工作。损失确定包括车辆损失、人身伤亡费用、其他财产损失等。车辆损失主要是确定维修项目的工时费和换件项目的价格；人身伤亡费用按道路交通事故的相关规定进行计算即可；其他财产损失一般按实际损失通过与被害人协商确定。

(4) 赔款理算是保险公司按照法律和保险合同的有关规定，根据保险事故的实际情况，核定和计算应向被保险人赔付金额的过程。

(5) 核赔是在保险公司授权范围内独立负责理赔质量的人员，按照保险条款及公司内部有关规章制度对赔案进行审核的工作。

(6) 赔付结案是指业务人员根据核赔的审批金额，向被保险人支付赔款、对理赔的单据进行清分并对理赔案卷进行整理的工作，是理赔案件处理的最后一个环节。

4.2.2 现场查勘准备

接到报案电话后，查勘人员要及时出现场。出发前需适当做一些准备。

1. 查阅抄单

（1）了解保险期限,确认出险时间是否在保险期限之内。

（2）了解承保的险种。

（3）了解交费情况。注意保费是否属于分期付款,是否依据约定交足了保费。

2. 阅读报案记录

（1）被保险人名称、保险车辆车牌号。

（2）出险时间、地点、原因、处理机关、损失概要。

（3）被保险人、驾驶员及当事人联系电话。

3. 携带查勘资料及工具

（1）资料。资料部分主要包括:出险报案表、报单抄件、索赔申请书、报案记录、现场查勘记录、索赔须知、询问笔录、事故车辆损失确认书。

（2）工具。查勘用的工具主要包括:笔记本电脑、照明设备、通信工具、照相机、手电筒、卷尺、砂纸、笔、记录本、即时贴、易碎贴、防雨装备、反光背心、反光锥、反光牌等。图 4－17 所示为“易碎贴”样式及实际使用场景。

(a)“易碎贴”样式

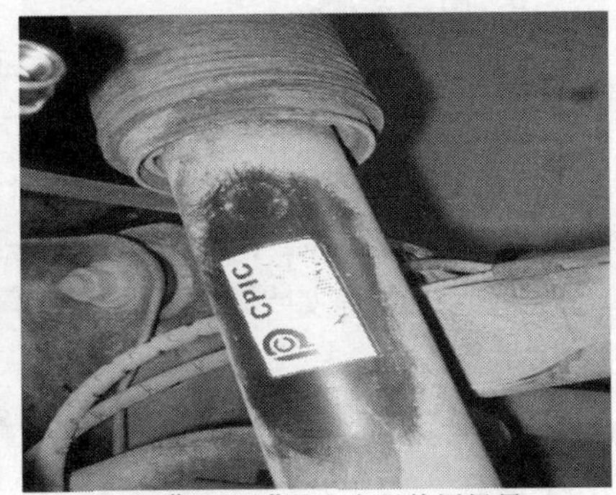

(b)“易碎贴”样式实际使用场景

图 4－17 “易碎贴”样式及实际使用场景

4.2.3 现场查勘目的

现场查勘的主要目的是查明出险时间、出险地点、出险车辆情况,

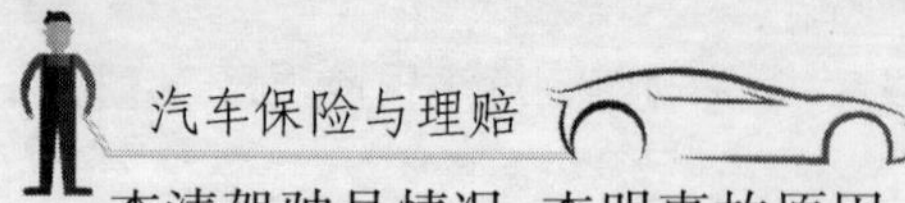

查清驾驶员情况，查明事故原因、施救整理受损财产以及核实损失情况等。

1. 出险时间

查明出险时间的主要目的是判断事故是否发生在保险期限内。对接近保险期限起止时间的案件应特别注意，认真查实，排除道德风险。

为获得真实出险时间，应仔细核对公安部门的证明与当事人的陈述时间是否一致，同时要详细了解车辆的启程时间、返回时间、行驶路线、伤者住院治疗时间等。如涉及装载货物出险的，还要了解委托运输单位的装卸货物时间等。同时，对出险时间和报案时间进行比对，看是否在 48 小时之内。

2. 出险地点

出险地点分为高速公路、普通公路、城市道路、乡村便道和机耕道、场院及其他，查勘时要详细写明，并记录出险地邮政编码。查明以上出险地点，主要是判断事故是否在此处发生，如果不是，要查明变动原因。

3. 出险车辆

查明出险车辆的情况，首先是查明车型、牌照号码、发动机号码、VIN 码/车架号码、行驶证，详细记录事故车辆已行驶公里数、车身颜色，并与保险单或批单核对是否相符。同时，要查实车辆出险时的使用性质是否与保险单记载的一致，以及是否运载危险品、车辆结构有无改装或加装。如果是与第三方车辆发生事故，还应查明第三方车辆的基本情况。

汽车身份标志拍照如图 4-18 所示，车辆证件拍照如图 4-19 所示。

4. 驾驶员情况

查勘时要查清驾驶员的姓名、驾驶证号码、准驾车型、初次领证时间、职业类型等。注意检查驾驶证的有效性，是否为被保险人或其允许的驾驶员，是否为保险合同中约定的驾驶员，特种车辆出险要查验驾驶员是否具备国家有关部门核发的有效证件，对驾驶营运性客车的

(a) 汽车牌照

(b) 桑塔纳2000汽车发动机号

(c) 车辆VIN码

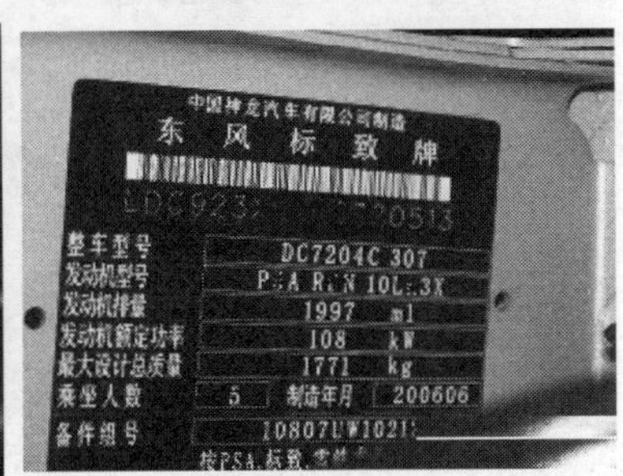

(d) 车辆标牌

图 4－18　汽车身份标志拍照

驾驶员要查验是否具有国家有关行政管理部门核发的有效资格证书。

驾驶员证件拍照如图 4－20 所示。

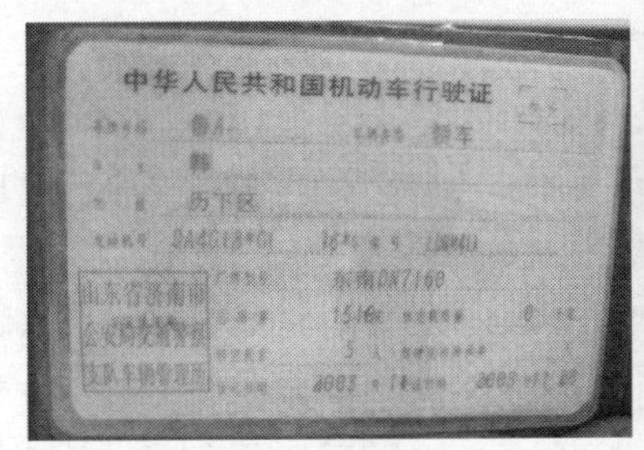

中华人民共和国机动车行驶证

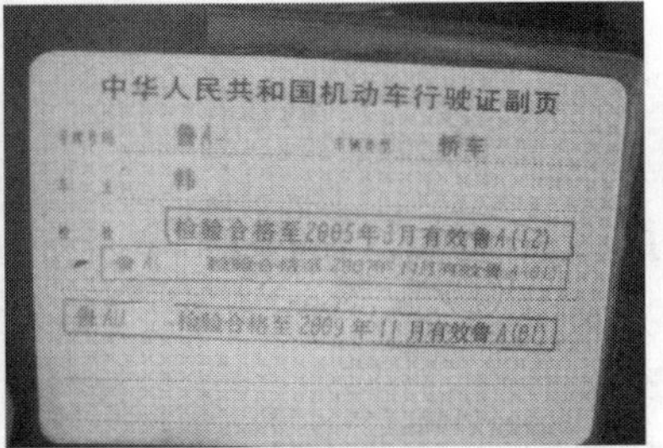

中华人民共和国机动车行驶证副页

(a) 机动车行驶证　　(b) 行驶证副页

图 4－19　车辆证件拍照

5. 事故原因

查明事故原因是现场查勘的重点，要深入调查，利用现场查勘技

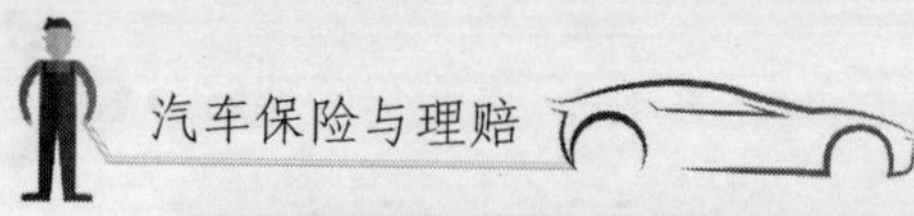

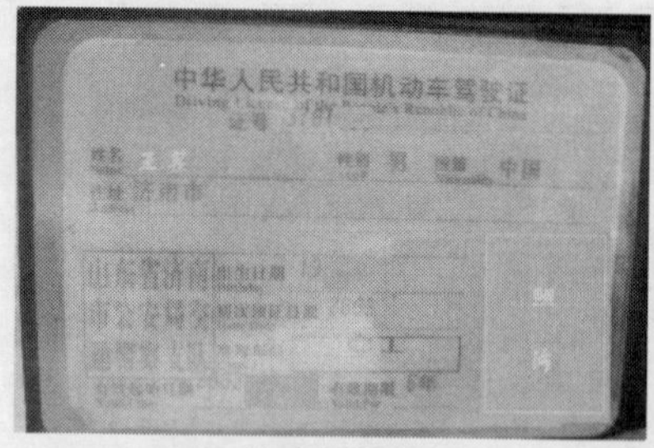
中华人民共和国机动车驾驶证

（a）机动车驾驶证

（b）驾驶证副页

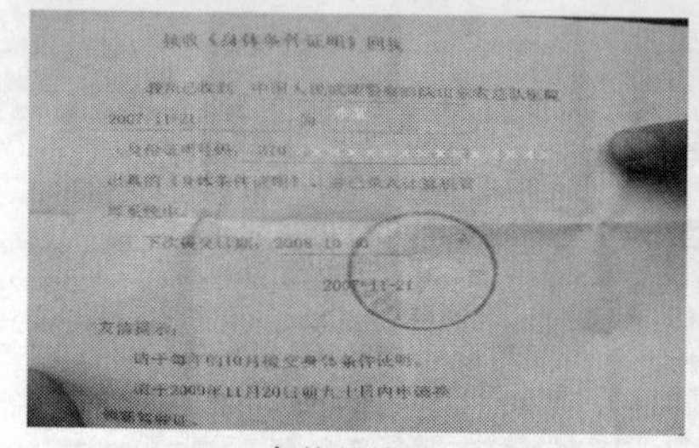

（c）身体体检证明

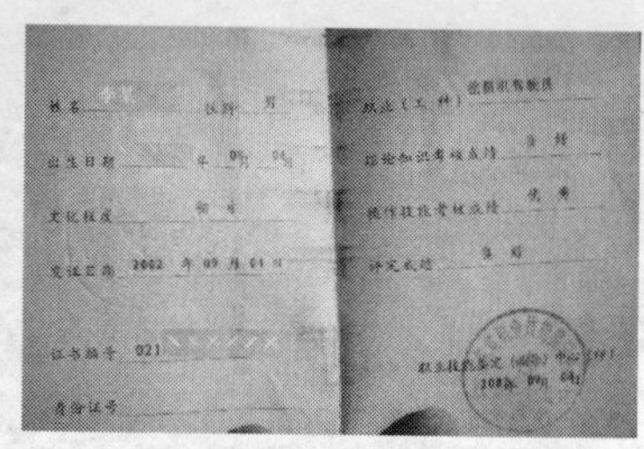

（d）特殊车辆证件（如挖掘机操作证）

图 4－20　驾驶员证件拍照

术进行现场查勘，并采取多听、多问、多看、多想、多分析的办法，索取证明，收集证据，全面分析。凡是与事故有关的重要情节，都要尽量收集以反映事故全貌。

6. 事故现场受损财产施救

施救受损财产是查勘人员的义务，查勘人员到达现场后，如险情尚未控制，应立即会同被保险人及有关部门研究，确定施救方案，采取合理施救措施，以防损失进一步扩大。

保险车辆受损后，如果当地修理价格合理，应安排就地修理，不得使车辆带"伤"行驶。如果当地修理费用过高需拖回本地修理的，应采取防护措施，拖拽牢固，以防再次发生事故。如果无法修复的，应妥善处理汽车的残值部分。

7. 事故损失情况

查清受损车辆、承运货物和其他财产的损失或伤亡情况，查清事故各方应承担的责任比例，确定损失程度。同时应核查保险车辆有无

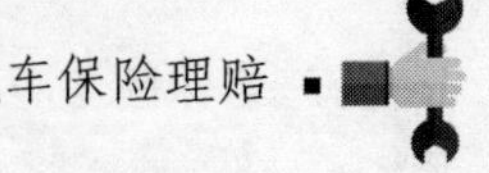

重复保险情况，以便理赔计算时分摊赔款。

4.2.4　现场查勘方法

现场查勘所采用的主要方法有沿车辆行驶路线查勘法、由内向外查勘法、由外向内查勘法、分段查勘法四种。

1. 沿车辆行驶路线查勘法

沿车辆行驶路线查勘法要求事故发生地的痕迹必须清楚，以便能顺利取证、摄影、丈量与绘制现场图，进而准确确定事故原因。

2. 由内向外查勘法

由内向外查勘法适于范围不大、痕迹与物件集中且事故中心点明确的出险现场，此时，可由事故中心点开始，按由内向外顺序取证、摄影、丈量与绘制现场图，进而确定事故原因。

3. 由外向内查勘法

由外向内查勘法适于范围较大、痕迹较为分散的出险现场，此时，可按由外围向中心的顺序取证、摄影、丈量与绘制现场图，进而确定事故原因。

4. 分段查勘法

分段查勘法适于范围大的事故现场，此时，先将事故现场按照现场痕迹、散落物等特征分成若干的片或断，分别取证、摄影、丈量与绘制现场图，进而确定事故原因。

4.2.5　现场查勘任务

现场查勘工作主要包括收取物证、询问人证、现场摄影、现场测量、绘制现场图、填写查勘记录等。

1. 收取物证

物证是分析事故原因最为客观的依据，收取物证是现场查勘的核心工作。事故现场物证的类型有散落物和痕迹，如图 4 - 21 所示。

(1) 散落物。散落物可分为车体散落物、他体散落物。车体散落物主要包括零部件、钢片、漆片、玻璃、胶条等；他体散落物主要是车之外的物证，如树皮、断枝、水泥、石块等。

(a) 因碰撞玻璃散落一地

(b) 路面制动痕迹

(c) 车辆与树的碰撞痕迹

(d) 车与护栏的刮擦痕迹

(e) 因碰撞而损坏的散落件

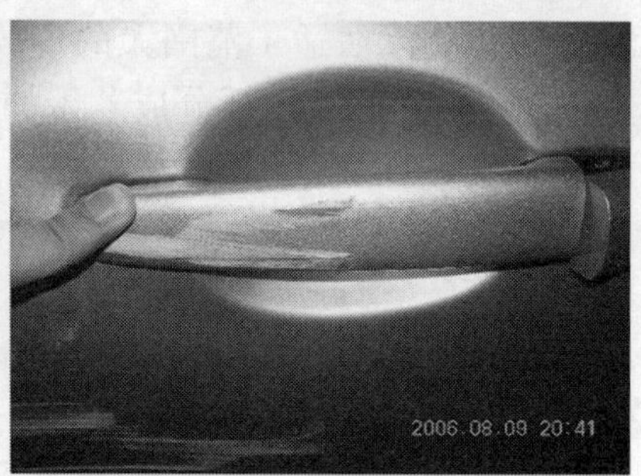

(f) 车辆刮擦痕迹

图 4-21　物证类型

(2) 痕迹。不同的痕迹,各有其形状、颜色和尺寸,往往是事故过程某些侧面的反映,因此也是事故现场物证收集的重点。痕迹可分为车辆行走痕迹、车辆碰撞痕迹。

车辆行走痕迹主要包括轮胎拖印、压印和擦印。

车辆碰撞痕迹主要包括车与车之间的碰撞痕迹、车与地面之间的撞砸与擦刮痕迹（见于车辆倾覆或坠落事故）、车与其他物体（如路旁建筑物、道路设施、电杆、树木等）之间的碰撞与擦刮痕迹。

2. 询问人证

对事实清楚，案情简单的事故，保险公司一般不需要对客户做询问笔录。如果案情复杂，或存在疑点时，查勘人员一般需要对客户或驾驶员、一同乘车人员、见证人等做询问笔录，通过人证，获得事故的真正原因。某公司询问笔录如表4-5所列。

表4-5 ××财产保险股份有限公司机动车辆保险事故现场查勘询问笔录

机动车辆保险事故现场查勘询问笔录

询问地点：＿＿＿＿＿＿＿＿ 时间：

自 时 分 开始

至 时 分 结束

询问人姓名：＿＿＿＿＿＿＿＿ 单位：＿＿＿＿＿＿＿＿

被询问人：姓 名：＿＿＿＿ 性 别：＿＿＿＿

年 龄：＿＿＿＿ 民 族：＿＿＿＿

文化程度：＿＿＿＿ 工作单位：＿＿＿＿＿＿＿＿

职 业：＿＿＿＿

家庭住址：＿＿＿＿＿＿＿＿＿＿＿＿＿＿＿＿

兹将询问内容记录如下：依照《保险法》和机动车辆保险条款的规定，我们就您所报案件的真实性进行调查询问，希望您能理解和配合，回答情况要属实，因为任何虚假的证词都可能导致保险人依照法律和保险条款的规定行使拒赔权，或诉诸法律。

（问）＿＿＿＿＿＿＿＿＿＿＿＿＿＿＿＿＿＿＿＿＿＿＿

（答）＿＿＿＿＿＿＿＿＿＿＿＿＿＿＿＿＿＿＿＿＿＿＿

＿＿＿＿＿＿＿＿＿＿＿＿＿＿＿＿＿＿＿＿＿＿＿＿＿＿

＿＿＿＿＿＿＿＿＿＿＿＿＿＿＿＿＿＿＿＿＿＿＿＿＿＿

被询问人（签字、手印）：

被询问人身份证号：

注：询问内容未完成，可接附页。 共 页 第 页

3. 现场摄影

现场摄影是真实记录现场和受损标的客观情况的重要手段之一，它比现场图和文字记录可以更直观地反映现场和事故车辆的情况，是处理事故的重要证据。

（1）现场摄影的原则。应有反映事故现场全貌的全景照片，应有反映受损车辆号牌及受损财产部位和程度的近景照片，要有某些重要局部（比如保险标的发动机号码、车辆 VIN 码等）的特写照片。应坚持节省的原则，以最少的照片数量反映事故现场最佳的效果。以两个事故为例进行介绍。

① 桑塔纳刮擦事故拍照。

桑塔纳轿车右前轮眉与外界物体发生刮擦，对事故损伤部位的拍摄应由远及近（图 4－22）。

（a）前部整车照片

（b）损坏部位照片

（c）损坏部位一侧的车辆局部照

（d）损坏部位局部放大

图 4－22　事故概貌及损伤部位拍摄

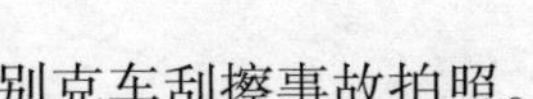

② 别克车刮擦事故拍照。

别克车在一狭窄胡同中行驶时，与停放的越野车发生刮擦，造成两车受损（图 4－23）。对该类事故的查勘拍照，应从全局到局部，即先拍摄两车接触的整体照片，然后分别拍摄标的车和三者车损坏部位。

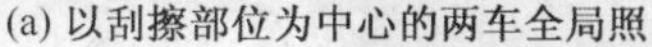

(a) 以刮擦部位为中心的两车全局照

(b) 标的车的损坏

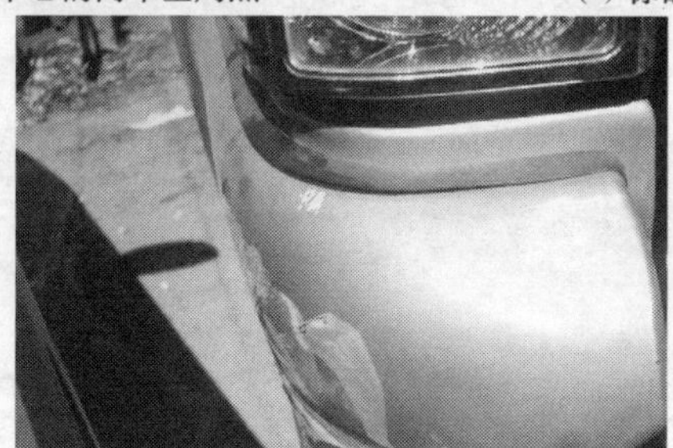

(c) 三者车的损坏

图 4－23　别克车刮碰越野车

（2）现场摄影方式。现场摄影时，应根据事故的实际情况和具体的拍摄目的，选择不同的拍摄方式，常见的现场摄影方式有方位摄影、中心摄影、细目摄影和宣传摄影四种。

① 方位摄影。主要用在对事故发生地所处环境进行拍摄（图 4－24），反映事故发生地环境特征，一般采用由高向低的俯角拍摄整个事故现场范围。另外可将出险地一些明显标志物拍摄下来，如路牌、里程碑、方向指示牌等。此拍摄方式重在突出事故现场的全貌，目的是反映出事故车辆与其他物体之间的相互关系。

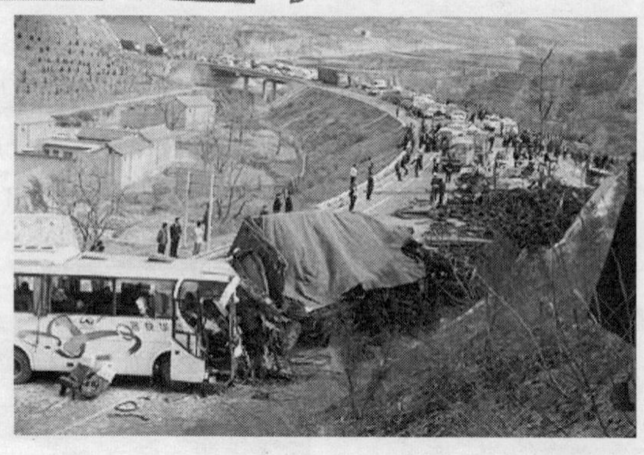

图 4－24　方位摄影图

② 中心摄影。以事故接触点为中心，近距离拍摄反映事故接触的各部位及其相关部位的局部照片（图 4－25）。此拍摄方式重在突出拍摄现场的中心地段，目的是反映出事故损坏部位及其相关部位的特点、状态。

图 4－25　中心摄影图

③ 细目摄影。采用近距或微距焦距拍摄路面、车身、人体、固定物上的痕迹特征照片的拍摄方式（图 4－26），如车身上附着其他车辆油漆、轮胎痕迹，沾有血迹的位置等。用此方式拍摄时一般以镜头的

主光轴垂直于被摄痕迹面，慎用闪光灯，特别是拍摄白色等浅色物体时不要用闪光灯。对细小的痕迹应摆放比例尺拍摄。目的在于突出各个具体物证，反映出重要物证的大小、形状、特征。

图 4－26　细目摄影图

④ 宣传摄影。运用技巧突出反映事故某一侧面的拍摄。此拍摄方式重在突出事故某一侧面的状态、特点，目的是为了相关宣传和收集资料(图 4－27)。

图 4－27　宣传摄影图

(3) 场摄影的方法。常见的现场摄影方法有相向拍摄、十字交叉拍摄、连续拍摄和比例拍摄四种。

① 相向拍摄法。从两个相对的方向对现场中心部分进行拍摄。该方法可较为清楚地反映现场中心两个相对方向的情况(图 4－28)。

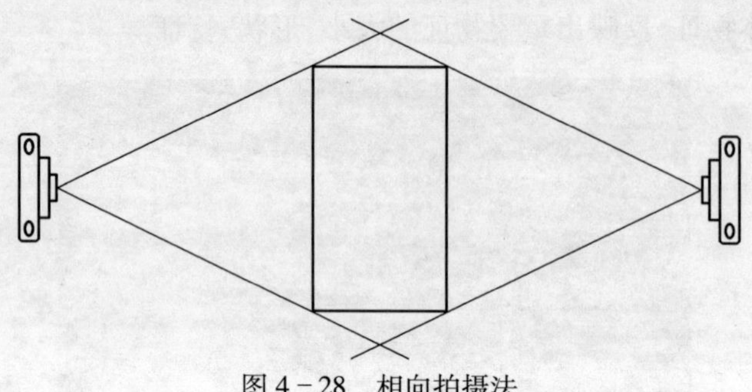

图 4－28　相向拍摄法

② 十字交叉拍摄法。从四个不同的地点对现场中心部分进行交叉的拍摄。该方法可从前、后、左、右四个角度准确地反映现场中心的情况(图 4－29)。

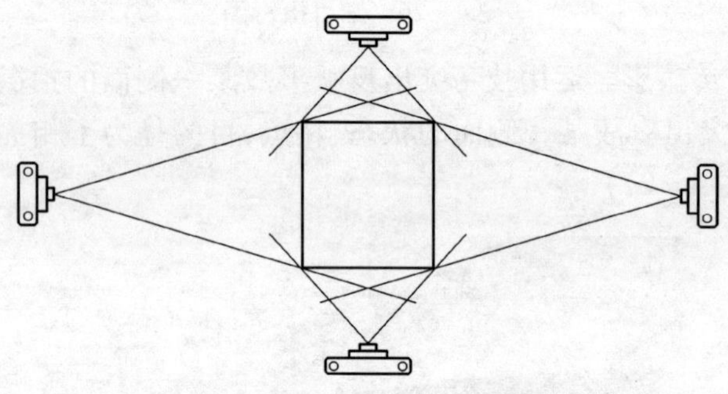

图 4－29　十字交叉拍摄法

③ 连续拍摄法。将面积较大的事故现场分段拍摄(图 4－30)。为获得事故现场完整的照片,需对分段照片进行接片,所以在分段拍摄时,各照片取景应略有重合,并要求同样的拍摄距离和光圈等。

④ 比例拍摄法。将带有刻度的尺子放在被损物体旁边进行的摄影(图 4－31)。该方法可确定被拍摄物体的实际大小和尺寸,常用于痕迹、碎片以及微小物证的摄影。

(4) 现场摄影的一般技巧。现场摄影有一定的技巧,需要查勘人

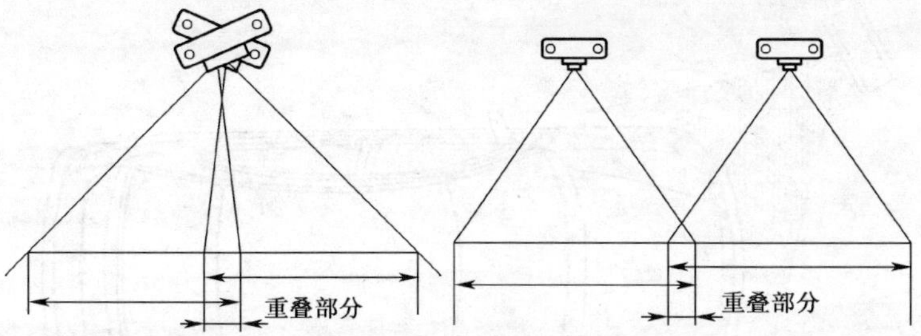

图4－30　连续拍摄法

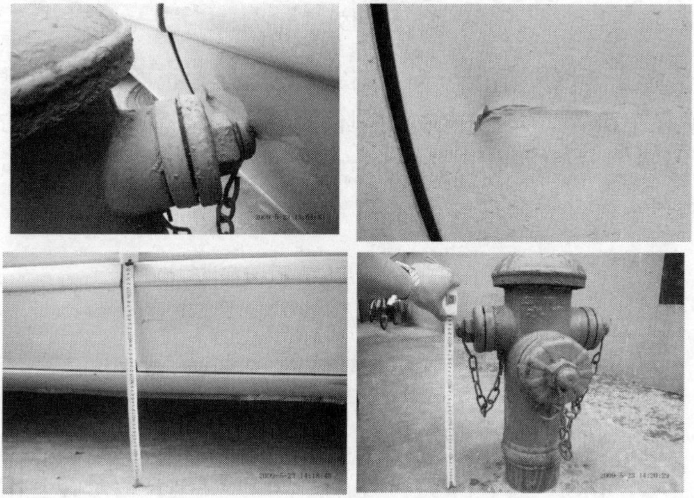

图4－31　痕迹比对照片

员事先去掌握，如取景、接片技术在现场拍摄中的运用、滤色镜的使用、事故现场常见痕迹的拍摄等。拍摄者要突出拍摄意图，把想表现出的部位（损伤处）拍下来。

① 取景。取景时，应根据拍摄的目的和要求，合理确定拍摄的角度、距离和光照，力求所要表达的主体物突出、明显和准确（图4－32）。

根据拍摄者立足点和被拍物体方位，拍摄角度可分为俯视拍摄、平视拍摄、仰视拍摄、正面拍摄、侧面拍摄等。根据拍摄者立足点和被拍物体的远近，拍摄距离可分为远景拍摄、中景拍摄、近景拍摄、特写

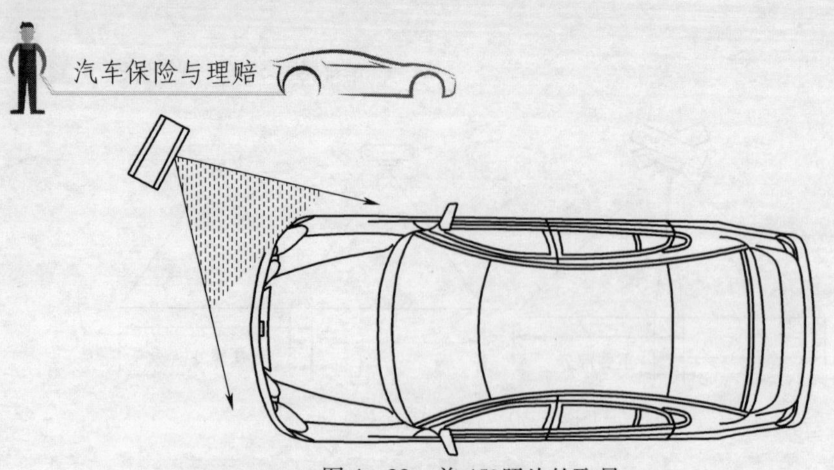

图 4-32　前 45°照片的取景

拍摄等。根据光线和拍摄方向，拍摄光照可分为正面光拍摄、侧面光拍摄、逆光拍摄等。针对车前的损坏，可以从中心轴线与平行方向及直角方向开始，向其损伤部位的 45°角拍摄(从水平位置 5 个方向分别拍摄，如图 4-33 所示)。

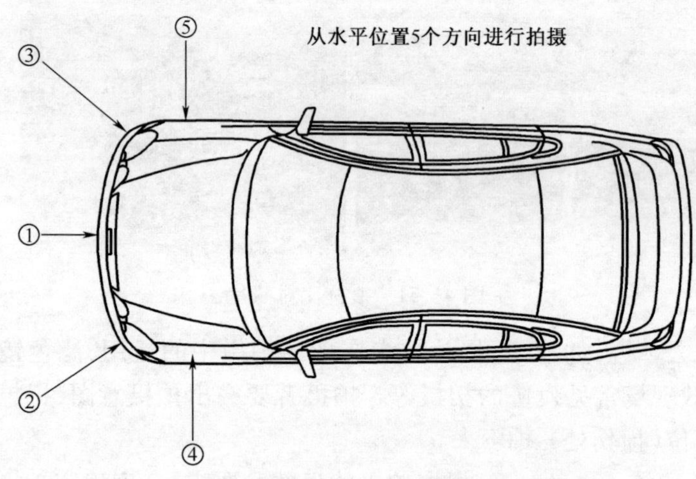

图 4-33　从水平位置 5 个方向分别进行的拍摄

② 为了记录事故的发生地，应尽量选择静止的固定参照物进入拍摄画面。如果事故车辆已经被拖到了停车场，而在现场或停放处与其他车辆间的间隔狭窄，给拍摄带来一定的困难，则应尽量将其他车

辆移开(在现场挪动须事先得到交警许可或当事双方的承诺)，保证适当的角度来拍摄较好反映损伤的照片。图4－34是拍摄效果较好的照片，而图4－35则是拍摄效果不好的照片。(已将周围车辆移开，相机角度与损伤面高度一致，从照片上能够明确确认损伤程度)

图4－34　拍摄效果较好的照片

③ 内部与底部有损伤时的拍摄。当内部发生损伤时，应打开发动机罩或行李舱盖，清楚地拍摄内部损伤情况(图4－36)。

当制动系统、行驶系统及侧梁发生损伤时，尽量进行底部拍摄，拍摄时需要将车举起，并锁死，以确保拍摄者的安全(图4－37)。

④ 总成或高价值的零部件一定要拍摄照片，小的损失、低值零件视情况拍摄。

⑤ 翻砂件(如发动机汽缸体、变速器外壳、主降速器外壳等)发生裂纹时，直接拍摄无法反映出裂纹。可以先在裂纹处涂抹柴油，再用滑石粉或粉笔末撒在油上，用小锤敲击裂纹附近，形成一条线后再拍摄。电脑损坏后所拍摄的照片应反映其变形。

⑥ 对碰撞痕迹的拍摄，要通过合理选择拍摄角度和光线，以准确反映其凹陷、隆起、变形、断裂、穿孔或破碎等特征。对于较小、较浅的

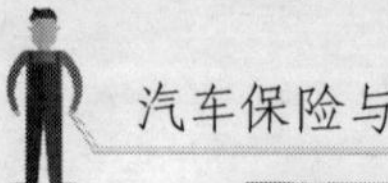

（1）存在问题：
① 没比照损伤面的高度进行拍摄；
② 事故车与周围车辆离得太近，别的车辆也同时被拍摄了下来，混乱；
（2）改进建议：
需要将周围的车辆挪开，从与损伤高度一致的5个方向进行拍摄。

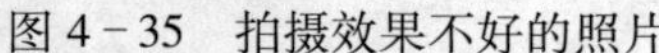

图 4－35　拍摄效果不好的照片

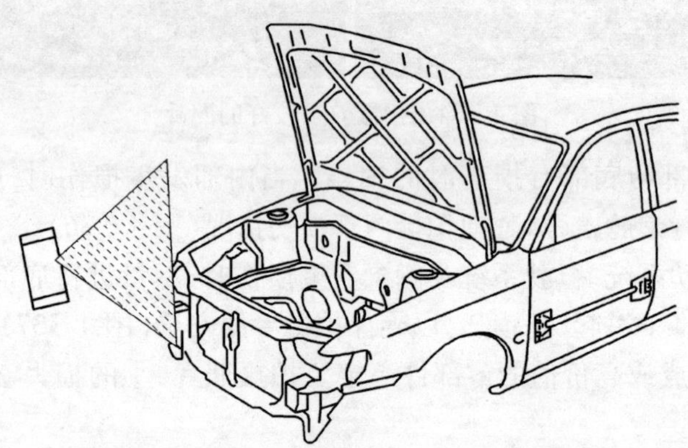

图 4－36　发动机内部损伤照片的拍摄

凹陷一般要采用侧面光、反光板、闪光灯等进行拍摄。

⑦ 对刮擦痕迹，如果为有颜色物质，可选择滤色镜拍摄，突出被粘挂物。

⑧ 拍摄血迹时，应选用滤色镜拍摄。如血迹滴落在泥土粘污的油路上，可用黄色滤色镜拍摄。

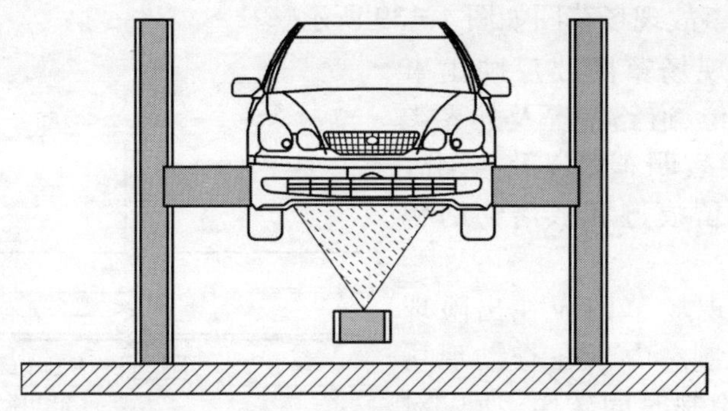

图 4－37　底部拍摄

⑨ 拍摄制动拖印时，为反映制动拖印的起止点及其特征，可对拖印起点用白灰或树枝等进行标记，并要注意反映起点与道路中心线或路边的关系。

⑩ 现场拍摄时，可采用数码相机和光学相机两种工具。数码相机拍摄的照片便于计算机管理，便于网上传输，成像快，缺点是易被修改、伪造，而光学相机正好相反。

4. 现场测量

现场测量是事故分析、绘制现场图的基础，所以现场测量与事故有关的物体和痕迹时应逐项进行并做好相应记录，如图 4－38 所示。

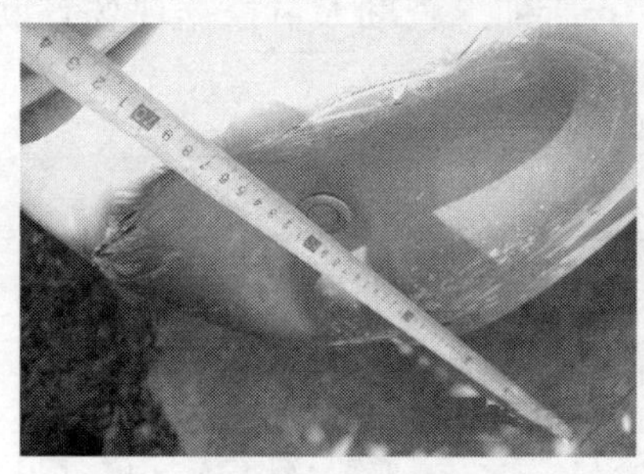

(a) 测量车辆损坏高度

(b) 测量被撞墙痕迹高度（并与车辆损坏高度比对）

图 4－38　事故现场的测量

5. 现场绘图

各保险公司对事故现场绘图的要求不太一致，有的公司要求对所有事故进行绘图，而有的公司只要求对重大赔案的查勘应绘制事故现

场草图。事故现场草图如图 4－39 所示。

事故现场草图要反映出事故车的方位、道路情况及外界影响因素，要表明车辆以及与事故有关的遗留痕迹和散落物的相互位置。

事故现场草图应在出险现场当场绘制。由于在查勘现场绘制，且绘制时间较短，所以对事故现场草图不要求十分工整，只要求内容完整、尺寸数字准确、物体位置、形状、尺寸、距离的大小基本成比例即可。

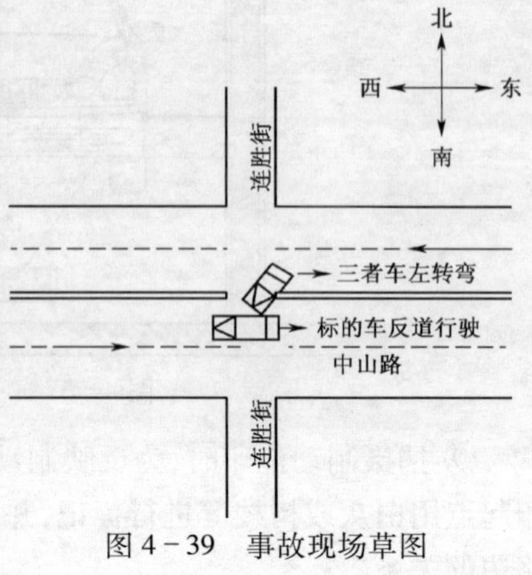

图 4－39　事故现场草图

简单平面图加上适当的文字说明，即可反映出事故现场概况。如果道路线形复杂，为准确表达事故现场的空间位置和道路纵横断面几何线形的变化，事故现场草图也经常采用立体图或剖面图等。

6. 填写现场查勘记录

现场查勘工作非常重要，而现场查勘的内容又非常多，为防止查勘员疏忽某些细节，同时为规范查勘工作，各保险公司一般都制定《机动车辆保险现场查勘记录》，如表 4－6 所列。查勘人员根据现场查勘情况，如实填写现场查勘记录表即可。

表 4－6　××财产保险公司机动车辆保险事故现场查勘记录

保险单号码：　　　　　　　　　报案编号：　　　　　　　　　立案编号：

<table>
<tr><td rowspan="2">保险车辆</td><td>厂牌型号：</td><td>发动机号：</td><td colspan="2">车辆已行驶里程：</td><td colspan="2">已使用年限：</td></tr>
<tr><td>号牌号码：</td><td colspan="3">车架号(VIN)：</td><td colspan="2">初次登记日期：</td></tr>
<tr><td colspan="2">驾驶人员姓名：</td><td colspan="3">驾驶证号码：□□□□□□□□□□□□
□□□□□□□□□□□□</td><td colspan="2">职业：</td></tr>
<tr><td colspan="3">初次领证日期：　年　月　日</td><td>性别：□男
□女</td><td>年龄：</td><td colspan="2">准驾车型：□A　□B　□C
□其他</td></tr>
<tr><td colspan="3">查勘时间：　年　月　日　时</td><td colspan="3">查勘地点：</td><td>是否第一现场报案：□是
□否</td></tr>
<tr><td colspan="7">赔案类别：□一般　□特殊（□简易 □互碰 □救助 □其他）双代
（□委托外地查勘　□外地委托查勘）</td></tr>
</table>

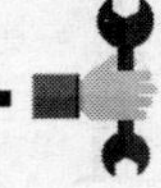

（续）

<table>
<tr><td colspan="3">出险时间：　年　月　日　时</td><td colspan="3">出险地点：　　省　　市　　县</td></tr>
<tr><td rowspan="3">第三方车辆</td><td>厂牌型号：</td><td>号牌号码：</td><td colspan="2">是否保险：□是
□否</td><td>车辆已行驶里程：</td></tr>
<tr><td>驾驶人员姓名：</td><td colspan="3">驾驶证号码：□□□□□□□□□□□□
□□□□□□□□□□</td><td>车辆初次登记日期：</td></tr>
<tr><td>初次领证日期：</td><td colspan="2">准驾车型：□A　□B
□C　□其他</td><td>职业：</td><td>车辆已使用年限：</td></tr>
<tr><td rowspan="2">现场查勘时请按右侧所列内容仔细查验并认真完整填写</td><td colspan="5">1. 出险原因：□碰撞　□倾覆　□火灾　□爆炸　□自燃　□外界物体倒塌
□外界物体坠落　□雷击　□暴风　□暴雨　□洪水　□雹灾
□玻璃单独破碎　□其他( )
2. 事故原因：□制动失灵　□转向失灵　□其他机械故障　□疲劳驾驶
□超速行驶　□违章并线　□逆向行驶　□安全间距不够
□违章装载　□其他违章行驶　□疏忽大意、措施不当　□其他
3. 事故所涉及险种：□交强险　□车损险　□三者险　□盗抢险
□玻璃单独破碎险　□自燃损失险　□车上人员责任险
□车上货物责任险　□其他( )
4. 保险车辆的号牌号码、发动机号、车架号与保险单上所载明的是否相符　□是
□否
5. 出险时间是否在保险有效期内　□是　□否
6. 出险时间接近保险起讫期的，有无相应时间证明　□有　□无
7. 出现地点：(1)分类：□高速公路　□普通公路　□城市道路
□乡村便道和机耕道　□场院及其他；
(2)与报案人所报是否一致　□是　□否
8. 实际使用性质与保险单上所载明的是否一致　□是　□否
9. 保险车辆驾驶人员情况与报案人所述是否一致　□是　□否
10. 保险车辆驾驶人员的驾驶证是否有效　□是　□否
11. 保险车辆驾驶人员准驾车型与实际驾驶车辆是否相符　□是　□否
12. 使用各种专用机械车、特种车的人员是否有国家有关部门核发的有效操作证
□是　□否
13. 驾驶营业性客车的驾驶人员是否有国家有关部门核发的有效资格证书
□是　□否
14. 保险车辆驾驶人员是否为被保险人允许的驾驶人员　□是　□否
15. 保险车辆驾驶人员是否为保险合同约定的驾驶人员　□是　□否
16. 保险车辆驾驶人员是否为酒后驾车　□是　□否
17. 事故车辆损失痕迹与事故现场痕迹是否吻合　□是　□否
18. 保险车辆安全配置情况：□安全气囊　□ABS　□倒车雷达　□卫星定位
□其他防盗装置
19. 第三者车辆是否已向其承保公司报案、索赔□是　□否
20. 事故是否涉及第三方人员伤亡□是(伤　　人，亡　　人)　□否
21. 事故是否涉及第三方财产损失□是　□否
22. 事故是否涉及本车上人员伤亡□是(伤　　人，亡　　人)　□否
23. 确定或预计责任划分：□全部　□主要　□同等　□次要　□无责任
□单方肇事
24. 保险车辆损失程度：□全部损失　□部分损失
25. 其他需要说明的内容：</td></tr>
<tr><td colspan="5">是否属于保险责任：□是　□不是　□待确定(原因是：　　　　　　)</td></tr>
</table>

(续)

<table>
<tr><td rowspan="8">事故估损金额</td><td colspan="6">事故损失金额估计合计:</td></tr>
<tr><td colspan="6">其中:强制险损失</td></tr>
<tr><td rowspan="2">强制保险</td><td colspan="3">死亡伤残:</td><td colspan="2">财产损失:</td></tr>
<tr><td colspan="3">医疗费用:</td><td colspan="2">其他费用:</td></tr>
<tr><td colspan="6">车辆损失险损失:　　第三者损失:　　其他损失:</td></tr>
<tr><td rowspan="3">商业保险</td><td rowspan="3">车辆损失险</td><td>标的损失:</td><td rowspan="3">第三者责任险</td><td>车辆:</td><td rowspan="3">其他险别</td></tr>
<tr><td>施救费:</td><td>人员:</td></tr>
<tr><td></td><td>财产:</td></tr>
<tr><td colspan="5" rowspan="3">查勘人意见(包括事故经过简单描述和初步责任认定):
查勘人签字:</td><td colspan="2">询问笔录　张</td></tr>
<tr><td colspan="2">现场草图　张</td></tr>
<tr><td colspan="2">事故照片　张</td></tr>
</table>

说明:1. 估计损失金额单位为人民币元。2. 第三方车辆不止一辆,可增加《机动车辆现场查勘记录》用纸。

4.2.6 车辆损失评估

保险事故损失确定包括车辆损失评估、人身伤亡费用确定、其他财产损失评估、施救费用核算、残值处理等。

1. 车辆损失确定的程序

(1) 保险公司一般应指派二名定损员一起参与车辆定损。

(2) 根据现场查勘记录,认真检查受损车辆,找出本次事故造成的损伤部位,并由此判断和确定因肇事部位的撞击间接引起其他部位的损伤。最后,确定出损失部位、损失项目、损失程度,并对损坏的零部件由表及里进行逐项登记,同时进行修复与更换的分类。鉴定、登记工作是一项复杂细致的工作,对挤干理赔水分起着一定影响作用。具体鉴定、登记方法是:由前到后,由左到右,先登记外附件(即钣金覆盖件,外装饰件),其按机器、底盘、电器、仪表等分类进行。对估损金额超过本级处理权限的,应及时报上级公司协助定损。

(3) 与客户协商确定修理方案,包括确定修理项目和换件项目。修理项目需列明各项目工时费,换件项目需明确零件价格,零件价格需通过询价、报价程序确定。

（4）对更换的零部件属于本级公司询价、报价范围的，要将换件项目清单交报价员审核，报价员根据标准价或参考价核定所更换的配件价格；对属于上级公司规定的报价车型和询价范围的，应及时上报，并按照《汽车零配件报价实务》的规定缮制零部件更换项目清单，向上级公司询价。上级公司对询价金额低于或等于上级公司报价的进行核准；对询价金额高于上级公司报价的逐项报价，并将核准的报价单或询价单传递给询价公司。

（5）定损员接到核准的报价单后，再与被保险人和第三者车损方协商修理、换件项目和费用。协商一致后，签订《汽车保险车辆损失情况确认书》一式两份，保险人、被保险人各执一份。

（6）对损失金额较大，双方协商难以定损的，或受损车辆技术要求高，定损人员由于不太熟悉该车型导致难以确定损失的，可聘请专家或委托公估机构定损。

（7）受损车辆原则上应一次定损。对大的车辆事故，一般需拆解定损。为此，各保险公司均规定了一些自己的协议拆解点。

（8）定损完毕后，由被保险人自选修理厂修理或到保险人推荐的修理厂修理。保险人推荐的修理厂一般不低于二级资质。

（9）保险车辆修复后，保险人可根据被保险人的委托直接与修理厂结算修理费用，但双方必须事先明确各自负担的费用，并在《汽车保险车辆损失情况确认书》上注明，由被保险人、保险人和修理厂三方签字认可。

2. 车辆定损原则

（1）修理范围仅限于本次事故中所造成的车辆损失（包括车身损失、车辆的机械损失）。

（2）能修理的零部件，尽量修复，不要随意更换新的。

（3）能局部修复的零部件，不要扩大到整体修理（如车身漆面）。

（4）能更换零部件的坚决不能更换总成件。

（5）根据修复工艺的难易程度，参照当地工时费用水平，准确确定工时费用。

(6) 准确掌握汽车零配件价格。为此,各保险公司都有配件报价系统,该系统的配件价格与市场价格同波动,比较符合实际。

3. 汽车配件更换参考标准

保险公司在定损过程中,一般坚持能修理的零部件,尽量修复,不要随意更换新的。关于零件的"修"与"换",一直是客户与定损员争论的焦点,在此,给出一个配件更换参考标准供大家借鉴,见表4-7。

表4-7 配件更换参考标准

零件名称	参考标准
前、后保险杠	保险杠弯曲部位撕裂且长度大于5cm的给予更换;其他部位撕裂长度大于10cm的给予更换;杠体穿孔较大且缺损的予以更换
前、后杠内骨架	撞扁在1/3以上的,折曲弯度大于30°以上难以修复的或修理工时费用大于更换的,给予更换
前杠支架	撞扁在1/3以上的,折曲弯度大于30°以上难以修复的或修理工时费用大于更换的,给予更换
中网、杠体栅格	断脚、撞扁或表面断裂、或影响美观的(电镀件),折曲弯度大于30°以上难以修复的或修理工时费用大于更换的,给予更换
大灯总成、角灯、雾灯、翼子板灯	撞烂、撞穿灯面、灯壳或撞断灯脚给予更换处理。灯面磨损深,抛光抛不平的给予更换
前盖	撞损位置扁烂、撞穿或撞折特别是骨位折曲在1/3以上的前盖,铝盖在周边10cm以上损坏、穿孔可以更换。整体扭曲变形的予以更换
前盖撑杆	撑杆有弯曲现象、撑杆芯有划痕,撑杆球头脱落的给予更换
前挡下饰板	金属有缺损的,塑料的裂开在5cm以下不影响使用和美观的给予修复,缺损的给予更换
前挡饰条	前挡胶条和金属饰条:开裂和缺损的给予更换
倒车镜	外部缺损和只烂镜片的给予更换半总成,电镜的电控转向器损坏的给予更换总成

（续）

零件名称	参考标准
水箱框架	损坏在 1/3 以上的撞扁、撞曲、撞折和盖锁位置损坏的（钢材），或材料为塑料、玻璃钢的，给予更换
散热网	轻微变形，给予修复，有管道穿漏现象，但穿漏管道数量小于 3 条（含 3 条）的给予外加工修复，主管道破裂或挤压变形严重的给予更换
水箱	中度变形；或水道管穿孔；水道管撞扁、撞烂，断脚的给予更换
风扇总成（含电机）	胶扇叶和金属扇叶有缺损、变形的给予更换；电机：表面完好、轴无变形或轴承无异响及转动正常（必要时可通电试）不给予更换
前翼子板	前面撞扁、撞折或骨位折曲超 1/3 以上，穿烂划破超过 10cm 以上，按以上规定给予更换，侧面凹陷无论大小都不给予更换，应给予修复，修复工时大于换件价格给予更换。变形面积超过 3/4 的应给予更换
前翼子板内骨架	影响减震塔座造成前轮定位和前束有问题的给予更换
前纵梁	折曲或撞扁或扭曲 1/3 以上的给予更换
前、后桥	肉眼观察有明显变形的给予更换，观察不出通过对角测量或新旧件对比尺寸测量数据相差较大的给予更换
仪表台壳	塑料有爆裂、穿洞、变形的给予更换
发动机脚胶	断裂、缺损给予更换。属于正常老化开裂的不予更换
脚胶支架	同上（铝合金，或铸成一体）
减振器	变形、避震机芯有明显划痕、明显碰撞痕迹的基本予以更换
下悬挂臂	变形、有明显碰撞痕迹的基本予以更换
转向节	变形、有明显碰撞痕迹的基本予以更换，无明显变形的可通过新旧件对比测量定位数据，数据有较大差异的予以更换

（续）

零件名称	参 考 标 准
方向机	变形、有明显碰撞痕迹的基本予以更换；方向机受损基本集中在方向机支架（与方向机一体的），左右横拉杆。如果不是方向机支架断裂，只是左右横拉杆变形，基本更换横拉杆，不建议轻易更换方向机
横、直拉杆	变形、有明显碰撞痕迹，或有裂痕的基本予以更换
半轴	变形、有明显碰撞痕迹的基本予以更换，仅球笼脱落的不予更换，更换时请注意球笼是否可以单独更换
半轴万向节（球笼）	有损坏的基本予以更换
正时室盖	缺损或裂开、变形的给予更换
发动机油底壳	撞损直径 1/3、深度 3cm 以上的给予更换
气门室盖	有缺损、爆裂、变形的按以上标准给予更换
中缸壳	螺丝位断裂一个的原则上予以修复；裂纹不大于 5cm 以上，或位置不在油道水道可以修复，否则予以更换；如有缺损、崩烂的给予更换
变速箱壳	同中缸壳
变速箱油底壳	撞损、变形，凹陷深度 2mm 以上的按以上标准给予更换
进、排气歧管	铸铁件变形、缺损的给予更换；塑料件有损坏的基本予以更换
前、中、后排气管	变形偏离支承点超过 5cm 的或撞穿及撕裂的的原则上给予更换
三元催化器	内、外部破裂，或晃动有异响的给予更换
消声器	凹陷深度超过 1cm 的，或撞穿的、有异响的原则上给予更换
A、B、C 立柱	撞穿的，或柱体凹陷变形部分达到柱体 20%的原则上给予更换
车门壳	缺损的、撞穿直径超过 10cm 的或弯曲角度超过 1/3 的原则上给予更换；窗框部位凹陷变形部分达到框体 20%的给予更换，如果仅为表皮变形严重或刮穿，请注意是否有外铁皮单独更换（门壳有门皮和门骨架之分）

（续）

零件名称	参 考 标 准
车门玻璃升降器总成	胶扣断裂，钢丝散开，齿轮牙缺损，举升支架变形超过1/4的，或电机受损不能运转的原则上给予更换
下裙饰板、车门外饰板、轮眉饰板	缺损、断脚、塑胶的饰板弯曲部分超过板体1/3的或撕裂的原则上给予更换
天窗玻璃导轨	变形导致天窗玻璃滑动不畅的原则上给予更换
后翼子板	后面撞扁、撞折或骨位折曲超1/4以上，穿烂划破超过10cm以上，给予更换，侧面凹陷无论大小都不给予更换，应给予修复。修复工时大于换件价格的给予更换
后翼子板内骨架	缺损的或弯曲角度超过1/3的原则上给予更换
后窗台板	饰板裂开、钢材支架变形范围达到50%，有缺损的原则上给予更换，其他情况不建议更换
油箱总成	撞穿，边角凹陷超过1cm的原则上给予更换，塑胶的油箱有超过1.5mm深度的划痕或有褶皱的原则上亦给予更换
尾盖	撞损位置扁烂、撞穿或撞折特别是骨位折曲在1/4以上的尾盖，给予更换，中间凹陷的无论大小不能更换。整体或对角变形应予以更换
尾盖撑杆	撑杆有弯曲现象、撑杆芯有划痕，撑杆球头脱落，给予更换
行李箱地板	有缺损的，或撞穿直径超过20cm以上给予更换
ABS执行器	线束插头、插座损坏，电路板部位受明显撞击，泵体有明显撞击造成的损坏，基本予以更换
安全气囊电脑	气囊爆出，气囊、感应器予以更换，气囊游丝如烧熔或断裂予以更换，气囊电脑有部分车型可以解码使用，无独立碰撞传感器的给予更换
轮辋（包括铝合金）	变形失圆、缺损基本予以更换
前、后盖锁	变形的基本予以更换
门锁	有明显变形、破裂的基本予以更换
门把手	有明显摩擦痕迹、断裂（含塑料、电镀面）的基本予以更换

（续）

零件名称	参 考 标 准
防撞胶条	有变形、明显摩擦痕迹、断裂（含塑料、电镀面）的基本予以更换
玻璃压条	有变形、明显摩擦痕迹、断裂（含塑料、电镀面）的基本予以更换
天线	天线杆有变形、断裂的基本予以更换
倒车雷达感应器	有损坏的基本予以单个探头更换

4. 汽车碰撞形式及损坏

（1）前端碰撞。主动碰撞会导致前端致损（图4-40），碰撞力取决于汽车重量、速度、碰撞范围及碰撞源。碰撞较轻时，保险杠会被向后推，前纵梁及内轮壳、前翼子板、前横梁及水箱框架会变形；如果碰撞加重，那么前翼子板会弯曲变形并移位触到车门，发动机罩铰链会向上弯曲并移位触到前围盖板，前纵梁变形加剧造成副梁变形；如果碰撞程度更剧烈，前立柱将会产生变形，车门开关困难，甚至造成车门变形；如果前面的碰撞从侧向而来，由于前横梁的作用，前纵梁就会产生相应的变形。前端碰撞常伴随着前部灯具及护栅破碎、冷凝器、水箱及发动机附件损伤、车轮移位等。

（2）后端碰撞。汽车因后端正面碰撞造成损伤时（图4-41），往往是被动碰撞所致。碰撞冲击力主要取决于撞击物的重量、速度，被碰撞的部位、角度及范围。如果碰撞较轻，通常后保险杠、行李舱后围板、行李舱底板可能会出现压缩弯曲变形；如果碰撞较重，C柱下部前移，C柱上端与车顶接合处会产生折曲，后门开关困难，后挡风玻璃与C柱分离，甚至破碎。碰撞更严重时会造成B柱下端前移，在车顶B柱处产生凹陷变形。后端碰撞常伴随着后部灯具等的破碎。

（3）侧面碰撞。在确定汽车侧面碰撞时（图4-42），分析其结构尤为重要。一般说来，对于严重的碰撞，车门A、B、C柱以及车身地板都会变形。当汽车遭受的侧向力较大时，惯性作用会使另一侧车身变形。当前后翼子板中部遭受严重碰撞时，还会造成前后悬架的损伤，

前翼子板中后部遭受严重碰撞时，还会造成转向系统中横拉杆、方向机齿轮齿条的损伤。

（4）底部碰撞。底部碰撞通常是因为路面凹凸不平、路面上有异物等造成车身底部与路面或异物发生碰撞，致使汽车底部零部件、车身底板损伤（图4-43）。常见损伤有前横梁、发动机下护板、发动润滑油底壳、变速器油底壳、悬架下托臂、副梁及后桥、车身底板等被损伤。

（5）顶部碰撞。汽车单独的顶部受损多为空中坠落物所致，以顶部面板及骨架变形为主（图4-44）。汽车倾覆是造成顶部受损的常见现象，受损时常伴随着车身立柱、翼子板和车门变形、车窗破碎。

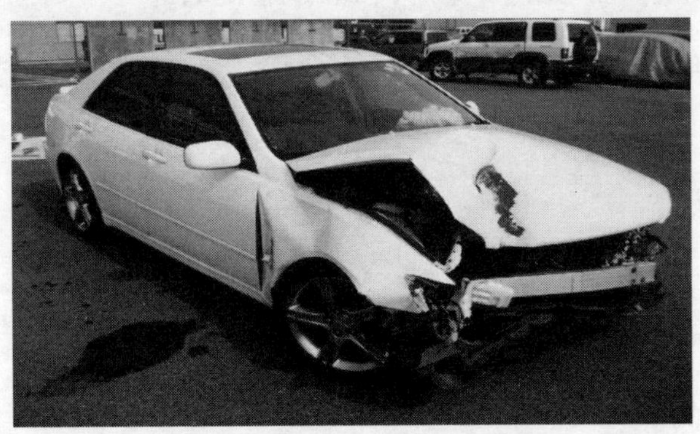

图4-40 汽车前端碰撞损失图

图4-41 汽车后端碰撞损失图

图 4-42　汽车侧面碰撞损失图

图 4-43　汽车底部碰撞损失图

图 4-44　汽车顶部碰撞损失图

5. 汽车碰撞损伤的目测检查

大多数情况下，碰撞部位能显示结构变形或断裂迹象。肉眼检查时，可后退几步，对汽车进行总体观察（图 4-45）。从碰撞位置估计受撞范围大小及方向，并判断碰撞是如何扩散的。先从总体上查看汽车上是否有扭转、弯曲变形，再查看整个汽车，设法确定损伤位置及所有损伤是否都由同一事故引起。

图 4-45　对事故汽车进行总体观察

碰撞力沿车身扩散，并使许多部位变形，碰撞力具有穿过车身坚固部位最终抵达并损坏薄弱部件，扩散并深入至车身部件内的特性。为了查找汽车损伤，必须沿碰撞力扩散的路径查找车身薄弱部位。沿碰撞力扩散方向逐处检查，确认是否有损伤和损伤程度。具体可从以下几方面加以识别：

（1）钣金件截面变形。碰撞所造成的钣金件截面变形与钣金件本身设计的结构变形不一样，钣金件本身设计的结构变形处表面油漆完好无损，而碰撞所造成的钣金件截面变形处油漆起皮、开裂。车身设计时，要使碰撞产生的能量能按既定路径传递，到指定地方吸收。

（2）零部件支架断裂、脱落及遗失。发动机支架、变速器支架、发动机各附件支架是碰撞应力的吸收处，各支架在设计时均有保护重要零部件免受损伤的功能。在碰撞事故中常有各支架断裂、脱落及遗失的现象出现。

（3）检查车身各部位的间隙和配合。车门是以铰链形式装在车身立柱上的，立柱变形会造成车门与车门、车门与立柱间隙不均匀（图 4-46）。可通过简单地开关车门，查看车门锁与锁扣的配合，从锁与锁扣的配合可判断车门是否下沉，从而判断立柱是否变形，从查看铰链的灵活程度判断立柱及车门铰链处是否有变形。

在汽车前端碰撞事故中,检查后车门与后翼子板、门槛、车顶侧板的间隙,左右对比是判断碰撞应力扩散范围的主要手段。

图 4-46　前端事故导致后侧车门间隙变大的桑塔纳 2000 轿车

(4) 检查来自乘员及行李的损伤。由于惯性力的作用,乘客和行李在碰撞中会引起车身二次损伤,损伤程度因乘员位置及碰撞力度而异,较常见的是方向盘、仪表工作台、方向柱护板及座椅等被损坏。行李碰撞是造成行李舱中部分设备(如 CD 机、音频功率放大器等) 损伤的主要原因。

6. 车身覆盖件常见损坏形式及定损

汽车上前后保险杠、前后翼子板、车门、发动室盖、行李厢盖以及车顶等称为车身覆盖件,在日常使用中这些零部件是经常被刮擦、碰撞的。根据其损坏程度可以分为轻微、中度、严重三个类型。

1) 轻微损坏

轻微损坏往往都是由车辆直接接触,轻微碰撞造成,这类损坏不大,保险公司定损时主要判断能不能看到底漆。

图 4-47 所示的车门只是有轻微的划痕,但是饰条下面的第一道划痕很深、可见车门的底漆,所以这个车门得全部喷漆。

图 4-48 所示的捷达车损坏的不是很严重,但是可明显看出底漆露出来了,还可从照片中看到车门和翼子板的上下缝隙大小明显不同,也就是说这个车门已轻微变形,所以定损的时候需加上钣金工时费。

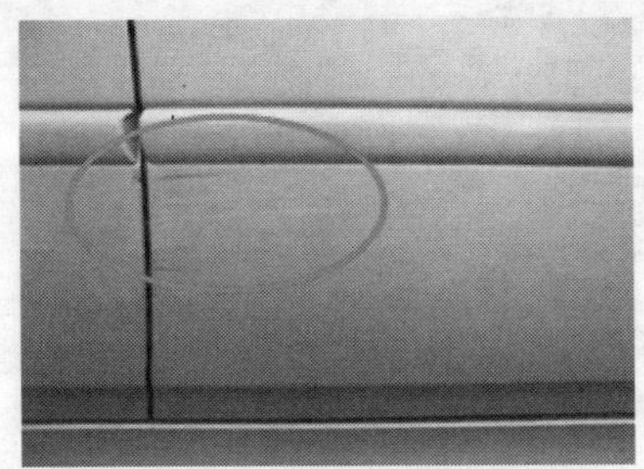

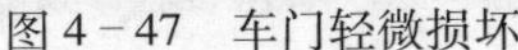

图 4－47　车门轻微损坏

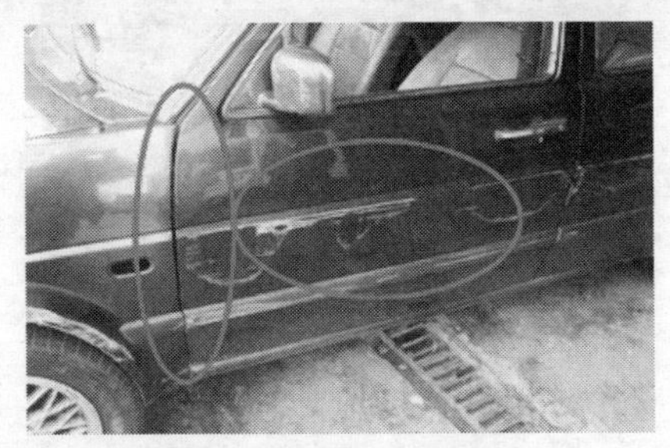

图 4－48　左前门轻微损坏

图 4－49 所示的是车的右后门和右后翼子板可以看出有几处划痕,翼子板也有点变形。这种情况下,事故车辆定损的时候可以把车门、翼子板全喷。

图 4－50 所示的是车的发动机盖的轻微变形照片。在圆圈中可以看到这个地方有个轻微的凹陷,发动机盖在整形以后,大都要全喷的,所以这个车的定损为发动机盖整形加全喷。

图 4－49　右后翼子板及车门轻微损坏

图 4－50　发动机盖轻微损坏

图 4－51 所示为行李厢盖的轻微变形照片。从照片中可明显看出,行李厢盖与翼子板之间有缝隙。此情况下的定损需要加整形工时,行李厢盖整形后需要全喷。

图 4－52 所示为保险杠的轻微损坏照片。从照片中可看出,前保险杠损坏轻微,这样的受损可以不用全喷保险杠,定损为前保险杠半喷。

图 4－51　行李厢盖轻微损坏

图 4－52　保险杠轻微损坏

2）中度损坏

在图 4－53、图 4－54 中可以看到两车的翼子板都出现折皱，在修复的过程中比较麻烦，这种损坏是中度损坏。

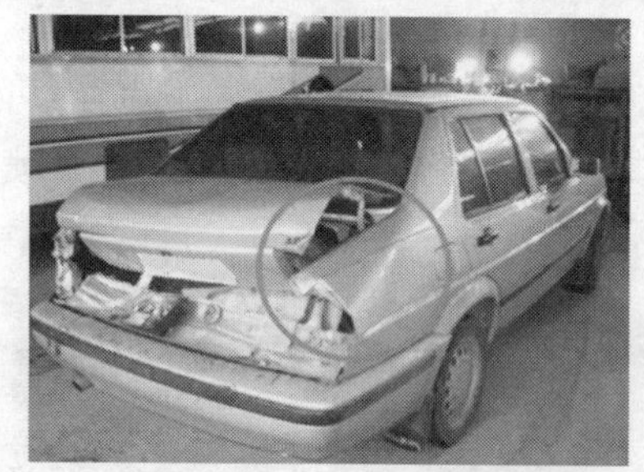
图 4－53　右后翼子板中度损坏

图 4－54　左前翼子板中度损坏

在图 4－55 和图 4－56 中，车辆的前后盖都有变形，但是都没有形成死褶，都可经过整形后修复，定损时没有必要更换，不过这种中度损坏的工时费高一些，同时前盖和后盖都要全喷。

图 4－55　发动机盖中度损坏

图 4－56　行李箱盖中度损坏

在汽车覆盖件的中度损坏中，还有一种特殊的情况，如图4－57所示。从照片上可看出前保险杠损坏得并不是很严重，但是保险杠已经有了一个小孔，在现代修车技术中，可以用修补方法把这个前保险杠修复，且不影响安全性能和美观，所以定损为修补后喷漆即可。但很多客户在此种损失上不愿修，只想更换，此时，多出的修理费保险公司不负责赔偿。如果是车身的塑料件有较大裂痕或破裂，影响车辆的安全性能，此时必须更换。

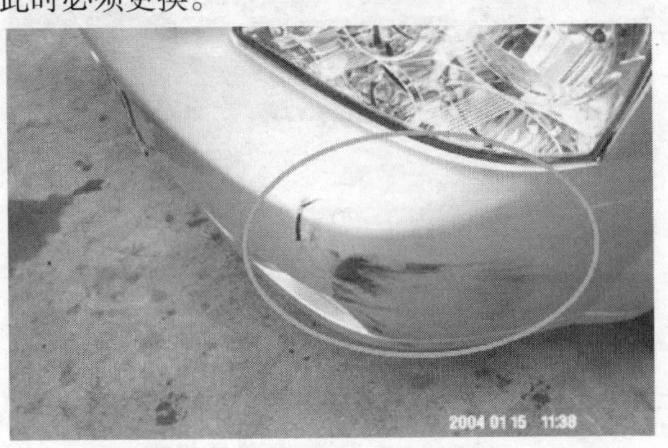

图4－57　前保险杠中度损坏

3）严重损坏

从图4－58所示的行李厢盖可明显看出变形，在标注的区域内后

图4－58　行李厢盖严重损坏

盖出现死褶，虽然其他地方完好无损，但此处的死褶为严重损坏，达到了更换的标准，应予以更换。

图 4-59 所示的右前翼子板有好几处褶皱，并且在圆圈内的区域内出现波浪褶皱，此翼子板若修复，用的工时较多，且修复中打腻子会比较多，故修复后使用过程中“爆漆”的可能性较大，所以此翼子板考虑更换，新配件没有颜色，定损时加上喷漆工时。

图 4-59 右前翼子板严重损坏

如图 4-60 所示，右后门和翼子板挤到一起，都有不同程度的褶皱，已经没有修复的必要，应予以更换。

图 4-60 后门、后翼子板严重损坏

如图4-61所示,该捷达车的后盖损坏严重,并发生扭曲变形,且后盖锁也已缺失,这种情况下需做更换处理。

图4-61 行李厢盖严重损坏

7. 维修费用构成

事故车辆的维修费用主要由三部分构成:工时费、材料费和其他费用。

1)工时费

工时费=定额工时×工时单价

其中,定额工时是指实际维修作业项目核定的结算工时数。工时单价是指在生产过程中,单位小时的收费标准。工时费用参考标准见表4-8~表4-13。

表4-8 事故车各部件拆装工时费用参考标准

拆装项目	低档车	中档车	中高档车	高档车
保险杠拆装	20	20	30	100
前中网灯具拆装	20	20	30	50
前翼子板拆装	30	30	50	150
前机盖拆装	30	40	50	150
龙门架拆装(螺丝)	30	40	50	100
龙门架拆装(焊接)	50	70	100	150
纵梁拆装	100	150	150	200

（续）

拆装项目	低档车	中档车	中高档车	高档车
水箱冷凝器拆装	50	70	100	150
前挡拆装	100	100	200	300
后挡拆装	100	100	200	300
车顶拆装	200	200	350	400
更换车门(含附件)	50	100	100	200
后翼子板拆装	100	100	200	350
尾拦板拆装	100	150	200	250
备胎舱拆装(三厢)	150	200	250	350
全车内饰座椅拆装	200	250	300	400
油箱拆装	100	100	150	200
行李厢盖拆装(含附件)	20	50	80	150
门玻璃拆装	20	50	80	100
天窗拆装		150	200	250
注:①车型分类:低档车是指购置价小于 5 万元的车,中档车是指购置价在 5(含)~15 万元之间的车,中高档车是指购置价在 15(含)~30 万元之间的车,高档车是指购置价在 30(含)~60 万元之间的车。下同; ②车辆购置价按车辆市场售价计算,同车型因配置不同而导致售价不同的按最低配置车型售价计算。下同; ③此表只适用于乘用汽车、商用车及其他特殊车型(高价值豪华车、特种车)不在本参考标准内。下同				

表 4-9　事故车机修工时费用参考标准

机修项目	低档车	中档车	中高档车	高档车	备注
前部悬挂拆检	100	150	200	500	单边减半
后部悬挂拆检	100	150	200	500	单边减半
后传动轴拆检	80	100	100	200	后驱/四驱
四轮定位	150	200	200	250	
发动机变速箱吊装	350	450	500	600	含附件
发动机大修	200	800	1200	1600 六缸标准	发动机解体, 不含吊装
手动变速箱大修	400	600	800	1000	波箱解体

（续）

机修项目	低档车	中档车	中高档车	高档车	备注
自动变速箱大修		1200	1500	1800	波箱解体
前(后)桥拆装	80	100	120	150	不含附件
排气管拆装	50	50	100	250	不含垫片

表4-10　事故车电工工时费用参考标准

电工项目	低档车	中档车	中高档车	高档车
安全气袋拆检(含解码)	100	100	200	450
仪表台拆装(不拆蒸发器相应减少)	200	300	300	600
空调检修(含加制冷剂)	100	150	200	300

表4-11　事故车喷漆工时费用参考标准(含工料)

喷漆项目	低档车	中档车	中高档车	高档车
保险杠喷漆	250	300	350	550
前机盖喷漆	350	400	600	800
前翼子板喷漆	300	400	450	600
车门喷漆	300	400	500	600
车顶喷漆	500	500	600	800
裙部喷漆	200	200	300	400
立柱喷漆	100	200	200	400
行李厢盖喷漆	300	400	400	800
后翼子板喷漆	350	400	500	600
全车喷漆	2500	4000	5000	5500

注:①全车外部共分为13幅:前、后杠,四个门,前、后盖,四个翼子板,车顶;

②以上喷漆工时费指的是全喷情况,具体实务操作时要区分是否属于补漆(30%~60%范围内掌握);

③双色油漆可适当上浮10%~30%;

④另外还需综合考虑喷漆部位涉及部件的数量。上述价格为单项价格,多幅同时喷漆,价格适当下调,三幅(含三幅)以上价格下调20%

表 4－12　事故车整形工时费用参考标准(含工料)

喷漆项目	低档车	中档车	中高档车	高档车
保险杠修复	50	100	200	400
前机盖整形	150	200	300	500
前翼子板整形	150	200	300	500
水箱框架整形	50	50	100	200
前纵梁整形	200	200	300	400
车门整形	100	200	300	500
车顶整形	200	200	400	600
门槛整形	200	200	250	350
地板整形	200	300	400	600
立柱整形	100	150	150	300
行李厢盖整形	150	150	200	500
行李厢整形	150	200	300	500
后翼子板整形	150	200	200	500
全车整形	2000	3000	3000	5000

表 4－13　水淹车清洗工时费用参考标准

水淹高度	低档车	中档车	中高档车	高档车
地板	300	300	400	600
座椅	500	600	800	800
仪表	600	800	900	1200
没顶	800	1000	1200	1600
注:此费用为全车内饰清洗烘干价格,只用于抢救水浸车的清洗、烘干,以避免未及时处理而引起的扩大损失,价格含三虑、机油及其他所需附料,不含发动机及变速箱清洗检修				

2）材料费

材料费=外购件费(配件、漆料、油料等)+自制件费+辅助材料费

外购配件费按实际购进的价格结算。漆料、油料费按实际消耗量

计算,其价格按实际进价结算。自制配件费按实际制造成本结算。辅助材料费是指在维修过程中使用的辅助材料的费用,但是,在计价标准中已经包含的辅助材料不得再次收取。

3）其他费用

其他费用=外加工费+材料管理费

外加工费是指在维修过程中,实际发生在厂外加工的费用。材料管理费是指在材料的采购过程中发生的采购、装卸、运输、保管、损耗等费用,其收取标准是:按单件配件购进价格或根据购置地点远近确定。如单件配件购进价格在 1000 元以下,可按进价的 115%结算;单件配件购进价格在 1000 元以上,可按进价的 110%结算。配件购置地点距离较近的,可按进价的 109%结算;购置地点距离较远的,可按进价的 118%结算。

4.2.7　人身伤亡费用的确定

1. 医疗费

医疗费是指在交通事故中受伤人员的医疗费用,包括医疗机构门诊挂号费、门诊观察治疗费、住院费、救护车费和救护出诊费、聘请院外专家费、医疗机构护理费、必要的整容费、必要的器官移植费、未来的再次治疗费。

医疗费根据医疗机构出具的医药费、住院费等收款凭证,结合病历和诊断证明等相关证据确定。

2. 误工费

误工费是指受害人本人因伤害治疗期间甚至恢复期间、定残日以前,不能生产、劳动、上班工作和承包经营而减少的收入,以及死亡受害人的家属办理丧葬事宜导致的合理的误工损失。

误工费根据受害人的误工时间和收入状况确定。误工时间根据受害人接受治疗的医疗机构出具的证明确定。受害人因伤致残持续误工的,误工时间可以计算至定残日前一天。受害人有固定收入的,误工费按照实际减少的收入计算。受害人无固定收入的,按照其最近 3 年平均收入计算,受害人不能举证证明其最近 3 年平均收入状况的,可参照受诉法院所在地相同或相近行业上一年度职工的平均工资计算。

3. 护理费

护理费是指伤者、残者或死者生前，在医院抢救治疗期间或康复过程中所必需的陪护人员的误工费或工资，主要根据受害人的护理依赖程度或护理级别、需要的护理人数等确定金额。

护理人员有收入的，参照误工费的规定计算；护理人员没有收入或者雇佣护工的，参照当地护工从事同等级别护理的劳务报酬标准计算。护理人员原则上为一人，但医疗机构或者鉴定机构有明确意见的，可以参照确定护理人员人数。

护理期限应计算至受害人恢复生活自理能力时止。受害人因残疾不能恢复生活自理能力的，可以根据其年龄、健康状况等因素确定合理的护理期限，但最长不超过20年。

受害人定残后的护理，应根据其护理依赖程度并结合配制残疾辅助器具的情况确定护理级别。

4. 交通费

交通费是指受害人及其必要的陪护人员因就医或转院治疗以及受害人死亡后其亲属办理丧葬事宜时，实际发生的交通费用。

交通费应以正式票据为凭；有关凭据应与就医地点、时间、人数、次数相符合。

5. 住宿费

住宿费是指受害人确有必要到外地治疗，因客观原因不能住院，受害人本人及其陪护人员实际发生的住宿费用。

住宿费凭住宿发票计算赔款。

6. 住院伙食补助费

住院伙食补助费，是指对受害人住院治疗期间伙食费用的一定补助。如果受害人没有住院，就没有这项赔偿费用。

受害人确有必要到外地治疗，因客观原因不能住院，其本人及其陪护人员实际发生的伙食费，其合理部分应予赔偿。住院伙食补助费可参照当地国家机关一般工作人员的出差伙食补助标准确定。

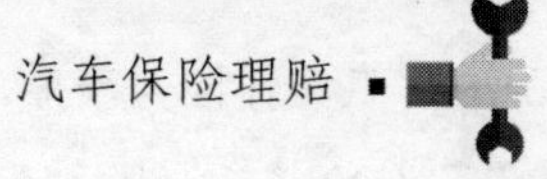

7. 营养费

营养费是指受害人通过平时的食品摄入尚不能达到受损前身体康复的要求,而需要增加营养品作为对身体补充所支出的费用。

营养费根据受害人伤残情况参照医疗机构的意见确定。

8. 残疾赔偿金

残疾赔偿金根据受害人丧失劳动能力程度或者伤残等级,按照受诉法院所在地上一年度城镇居民人均可支配收入或者农村居民人均纯收入标准,自定残之日起按 20 年计算。但 60 周岁以上的,年龄每增加 1 岁减少 1 年;75 周岁以上的,按 5 年计算。

受害人因伤致残但实际收入没有减少,或者伤残等级较轻但造成职业妨害严重影响其劳动就业的,可对残疾赔偿金作相应调整。

9. 残疾辅助器具费

残疾辅助器具费是指为补偿因伤致残的受害人遭受创伤的肢体器官功能、辅助其实现生活自理或者从事生产劳动而购买、配置的生活自助器具所支付的必要费用。

残疾辅助器具费按照普通适用器具的合理费用标准计算。有特殊需要的,可参照辅助器具配制机构的意见确定相应的合理费用。辅助器具的更换周期和赔偿期限参照配制机构的意见确定。

10. 被抚养人生活费

被抚养人生活费是指死者生前或残者丧失劳动能力前实际抚养的未成年子女或没有其他生活来源的配偶、父母等亲属在物质和生活上提供扶助与供养的费用。

被抚养人生活费根据抚养人丧失劳动能力程度,按照受诉法院所在地上一年度城镇居民人均消费性支出和农村居民人均年生活消费支出标准计算。被抚养人为未成年人的,计算至 18 周岁;被抚养人无劳动能力又无其他生活来源的,按 20 年计算。但 60 周岁以上的,年龄每增加 1 岁减少 1 年;75 周岁以上的,按 5 年计算。

被抚养人是指受害人依法应当承担抚养义务的未成年人或丧失劳动能力又无其他生活来源的成年近亲属。被抚养人还有其他抚养人的,赔偿义务人只赔偿受害人依法应当负担的部分。被抚养人有数

人的,年赔偿总额累计不超过上一年度城镇居民人均消费性支出额或者农村居民人均年生活消费支出额。

11. 后续治疗费

后续治疗费是指对损伤经治疗后体征固定而遗留功能障碍需再次治疗的或伤情尚未恢复需二次治疗所需要的费用。后续治疗费可待实际发生后予以赔偿。但根据医疗证明或鉴定结论确定必然发生的费用,可与已经发生的医疗费一并赔偿。

12. 丧葬费

丧葬费为在交通事故中死亡人员的有关丧葬费用,包括整容、寄存尸体、火化、骨灰盒、搬运尸体等必需的费用。丧葬费按受诉法院所在地上一年度职工月平均工资标准,以6个月总额计算。

13. 死亡赔偿金

死亡赔偿金是指对于在交通事故中死亡人员的一次性补偿。死亡赔偿金按受诉法院所在地上一年度城镇居民人均可支配收入或者农村居民人均纯收入标准,按20年计算。但60周岁以上的,年龄每增加1岁减少1年;75周岁以上的,按5年计算。

4.2.8 其他财产损失评估

除车辆外的财产种类繁多,不可枚举,所以其定损的标准、技术以及掌握尺度相对较难确定。但总体来说,保险公司应按事故现场直接造成的现有财产的实际损毁,依据保险合同的相关规定予以赔偿。确定时可与被害人协商,协商不成可申请仲裁或诉讼。但对间接损失、第三者无理索要及处罚性质的赔偿不予负责,因此,保险人的实际定损费用与被保险人实际赔付第三者的费用往往有所差距。具体如下:

1. 公共设施

参照当地路政、市政赔偿标准、同类型损坏物赔偿标准,依据损坏物的品种、型号、数量、损坏程度等,确定损失金额。但需注意,路政、市政设施损毁之后,有关部门要求赔偿的金额中,往往包含了一部分罚款在内。

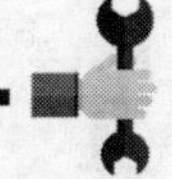

2. 私人物品

调查市场同类型物品的价格;根据市场价格、被害人所提供的发票、磨损程度,给出一个折旧后的合理损失金额。

3. 店铺、商铺设施

对于销售类货物的损失,可以通过索取进货发票,依据进货价格进行赔偿,不能提供进货凭证的,可以按略低于市场价格的价格进行赔偿。对于房屋装修类的损坏,可以参考当地装修材料价格和工时费计算,提供工程预算书。

4. 宠物及牲畜

宠物死亡后,了解宠物的品种,调查市场同品种宠物的价格,协商赔偿;动物死亡,了解该类型动物肉、皮毛等在市场上的价格,依据动物体重计算出赔偿金额;受伤的可协商处理。对于宠物,需注意对方提出较高的精神损失补偿,这是不应该通过保险进行赔付的。

对于较高价格或有争议的物损,可申请评估中心进行评估。对于损失较大的事故或专业技术要求较高的事故,可委托专业人员进行评估。

4.2.9　施救费用核算

1. 保险公司赔偿的施救费用

一般必要、合理的施救费用保险公司予以赔偿,比如:

(1) 保险车辆发生火灾时,使用他人非专业消防单位的消防设备、施救保险车辆所消耗的合理费用及设备损失。

(2) 保险车辆出险后失去正常行驶能力,被保险人雇用吊车进行抢救的费用(图 4-62),以及将出险车辆拖运到修理厂的运输费用(图 4-63)。

(3) 抢救中,因抢救而损坏他人的财产,应由被保险人赔偿的费用。

(4) 被保险人自己或他人义务派来抢救的抢救车辆在拖运受损保险车辆途中,发生意外事故造成保险车辆的损失扩大部分和费用支出增加部分。

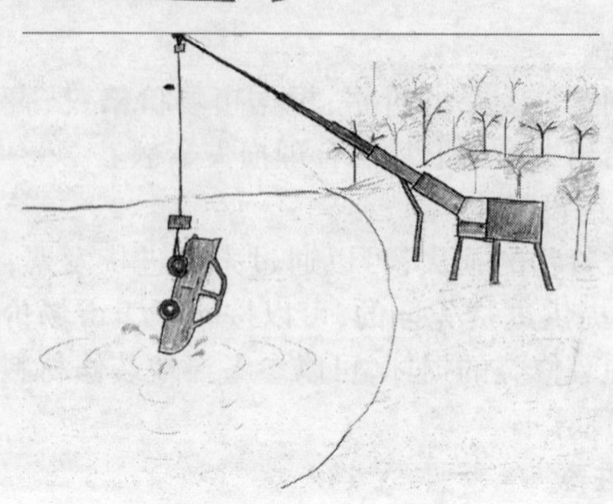

图 4－62　吊车施救

图 4－63　拖车施救

（5）保险人只对保险车辆的施救保护费用负责。

吊车施救费参考标准见表 4－14，拖车施救费参考标准见表 4－15。

表 4－14　吊车费用标准　（单位：元）

路别	出动车型	起步价格	备注
市区公路	16T	800	此费用包含 100 公里的行驶里程
	20T	1200	
	25T	1500	
	50T	1800	

（续）

路别	出动车型	起步价格	备注
一般公路	16T	800	此费用包含 100 公里的行驶里程
	20T	1200	
	25T	1500	
	50T	1800	
高速公路	16T	1200	
	20T	1600	
	25T	1800	
	50T	2500	
注:①吊车费标准中的 T 为吨位数。 ②此施救费标准依据全国范围内平均收费标准制定,客户可根据所在城市物价水平,在此标准价格基础上,上下浮动 20%操作,最高限额为本标准的 120%			

表 4-15　拖车费用标准　　　（单位:元）

路别	被拖车型	起步价格	单公里价格	备注
市区公路	小型	300	15	
	中型	500	15	
	大型	800	15	
一般公路	小型	500	15	
	中型	700	15	
	大型	1200	15	
高速公路	小型	250	5	
	中型	400	15	
	大型	500	25	

2. 保险公司不赔偿的施救费用

（1）抢救中,抢救人员个人物品的丢失,不予赔偿。

（2）受雇的抢救车辆发生意外造成保险车辆的损失扩大部分和费用支出增加部分,不予赔偿。

(3) 保险车辆出险后,被保险人等奔赴肇事现场处理所支出的费用,不予负责。

(4) 如果被保险人没有购买车上货物责任保险,则车上货物的施救保护费用不予负责。

(5) 进口车或特种车去外地修理的移送费,予以负责,但不属于施救费用,而是修理费用。另外,护送车辆者的工资和差旅费,不予负责。

(6) 保险车辆发生保险事故后,对其停车费、保管费、扣车费及各种罚款,不予负责。

3. 常见的不合理施救

在对车辆进行施救时,对于不合理的施救费用,保险人不予负责。常见的不合理施救有:

(1) 对倾覆车辆在吊装过程中未合理固定,造成二次倾覆。

(2) 在使用吊车起吊时未对车身合理保护,致使车身大面积损伤。

(3) 对拖移车辆未进行检查,造成机械损坏,如轮胎缺气或转向失灵后拖移造成轮胎损坏。

(4) 在施救过程中拆卸不当,造成车辆零部件损坏或丢失。

4.2.10 残值处理

残值处理是指保险公司根据保险合同履行了赔偿并取得受损标的的所有权后,对尚存一部分经济价值的受损标的进行的处理。

机动车辆保险条款规定,残值应协商作价折归被保险人,并在保险赔款中扣除。若保险双方协商不成,则保险公司应将已赔偿的受损物资收回。这些受损物资可委托有关部门拍卖,处理所得款项应冲减赔款。一时无法处理的,则应交保险公司的损余物资管理部门。

4.3 事故处理

4.3.1 轻微交通事故的快速处理步骤

所谓轻微交通事故是指机动车在道路上发生没有人员伤亡,仅造

成轻微财产损失的交通事故，如图4－64所示。轻微财产损失是指造成每车5000元（注意：各城市规定的财产损失的限额不同，有的为2000元，有的还规定为10000元）以下的车物损失，机动车仅车身前后保险杠、车灯、引擎盖、门窗等外表件损坏，但发动机、车架、底盘、转向、传动等部件未损坏，机动车可以继续驾驶的。

为维护道路交通秩序（图4－65），提高道路通行效率，根据《中华人民共和国道路交通安全法》《中华人民共和国道路交通安全法实施条例》《机动车交通事故责任强制保险条例》等法律法规规定，很多城市都推出了轻微交通事故快速处理办法，具体事故处理步骤为：

图4－64　事故快速处理合作愉快

图4－65　安全行驶

（1）发生轻微交通事故，当事人应当立即开启车辆危险报警闪光灯；

（2）相互查验驾驶证和保险凭证后，立即撤离现场，将车辆移至不妨碍交通的地方；

（3）当事人可采用摄像、拍照或者文字记录等方式固定事故损失证据；

（4）当事人立即向各自车辆承保保险公司报案，在获得保险公司报案号后，及时填写《机动车轻微交通事故快速处理当事人现场记录书》（图4－66）。无《记录书》的，当事人应当以文字方式如实记载交通事故发生的时间、地点、天气、当事人姓名、联系方式、机动车驾驶证号、机动车牌号、车型、投保公司、交强险保险单号、保险期间、碰撞部位、过错行为、事故责任等内容。当事人应当对《记录书》或其他文字材料共同核对并签名，各持一份；

图4－66　轻微交通事故的快速处理

（5）需要办理保险理赔的，当事人应当在撤离事故现场后凭《记录书》或者文字记录材料及相关证据，在24小时内同时到“理赔服务中心”办理理赔手续，如图4－67所示。

4.3.2　不适用交通事故快速处理的情形

有下列情形之一的，应当保护现场并立即报警，不适用快速处理

图 4－67　理赔服务中心

程序：

（1）机动车无有效号牌、无检验合格标志、无保险标志的（图 4－68）；

（2）驾驶人无有效机动车驾驶证的；

（3）驾驶人饮酒、服用国家管制的精神药品或者麻醉药品的；

（4）当事人不能自行移动车辆的；

（5）碰撞建筑物、公共设施或者其他设施的；

（6）当事人对事实和成因有争议的；

（7）在夜间 19 时至次日凌晨 6 时发生的事故；

（8）未在本省范围投保交强险的机动车发生的事故。

图 4－68　机动车无有效号牌

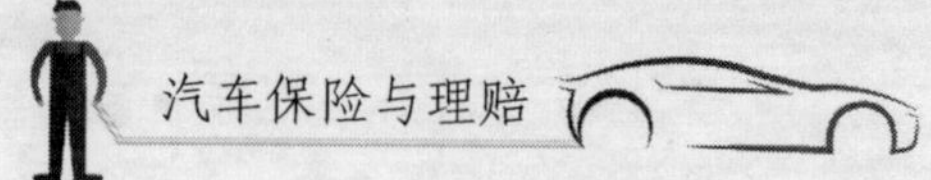

4.3.3 轻微交通事故快速处理现场记录书

轻微交通事故进行快速处理时，应填写《机动车轻微交通事故快速处理当事人现场记录书》，如实记载交通事故发生的时间、地点、天气、当事人姓名、联系方式、机动车驾驶证号、机动车牌号、车型、投保公司、交强险保险单号、保险期间、碰撞部位、过错行为、事故责任等内容。某市《记录书》见表 4-16。

表 4-16 ××市机动车轻微交通事故快速处理当事人现场记录书

时间	年 月 日 时 分	地点		天气	

当事人姓名		驾驶证号	机动车牌号	车型	投保公司	交强险保险单号
甲						
乙						
丙						

保险期间		碰撞部位	过错行为	事故责任	当事人签名	联系电话	保险公司报案号
甲			有□ 无□	有□ 无□			
乙			有□ 无□	有□ 无□			
丙			有□ 无□	有□ 无□			
各方共同约定于(应在事故发生后 24 小时内) 年 月 日 时 分，同时到某市交通事故保险理赔服务中心所属服务点办理保险理赔手续。							

4.3.4 轻微交通事故的责任认定

快速处理的轻微交通事故，交通事故责任分为全部责任和各方同等责任二类。

一方当事人的过错行为造成交通事故的，由有过错行为的一方当事人承担事故全部责任，并承担全部损害赔偿责任；双方或三方以上当事人的过错行为共同造成交通事故的，由有过错行为的各方承担事故同等责任，有过错方各自承担自己的损失，并共同承担无过错方损害赔偿责任。

一方当事人有下列情形之一,另一方当事人无下列情形的,有下列情形的一方承担交通事故的全部责任:

(1) 未与前车保持安全距离追尾碰撞前车的;

(2) 逆向行驶的;

(3) 倒车时与其他车辆发生碰撞的;

(4) 溜车时与其他车辆发生碰撞的;

(5) 开关车门的;

(6) 违反交通信号的;

(7) 转弯时未按规定让行的;

(8) 借道通行、变更车道时未按规定让行的;

(9) 未按规定让右侧来车先行的;

(10) 其他单方过错行为造成交通事故的。

不符合前款规定的,当事人承担同等责任。

4.3.5 车辆刮擦事故的6个注意事项

无论你开车是不是很小心,在交通状况如此复杂的都市里,每天都有可能面临车辆刮擦事故(图4-69),所以作为有车一族,除了需要好的驾驶习惯和高超的驾驶技巧外,了解一些车辆刮擦事故的处理也是十分必要的。具体注意事项如下:

图4-69 车辆刮擦事故

(1) 停车熄火查状况。如果你的车子不小心与其他车子发生刮擦事故,应立即选择较合适的地点停车。拉紧手制动,切断电源,关掉车子的引擎。夜间还要开示宽灯、尾灯。在高速公路上则需在车后方

设置危险警告标志。

（2）确认双方人员安全状况。注意检查双方人员的安全状况，如果有伤亡、受伤、人身安全受到损害应立即报警。对于不属于必须报警情形的，当事人可以选择自行达成协议，快捷处理。

（3）记录车损情况。注意仔细检查车辆状况，最好随身携带有拍照功能的设备，比如数码相机、手机等，及时对刮擦部位、车况进行记录。拍摄时要体现双方当事人同时在现场的取景，并多角度地对车前侧、车后侧、碰擦部位进行拍摄。

（4）记录基本信息。注意记录双方车辆信息与车主信息，记录下双方车牌号、驾驶证、行驶证、保险证等信息都是必要的。

（5）明确责任认定。在交警进行责任认定时要特别注意双方应负的责任。

（6）及时进行车辆定损和索赔。先去保险理赔服务中心对车辆进行定损，然后选择修车场所修车（图 4－70）。修车后要保存好修车发票，以便向保险公司索赔。

（a）踌躇：何处维修　　（b）听理赔员推荐修理企业真不错

图 4－70　车辆维修可以自选修理厂也可以由理赔员推荐修理厂

第 5 章　典型案例分析

5.1　车辆损失案例

5.1.1　标的车辆因倒车导致损失的案例

1. 案例简介

某日，在山东济南，由于驾驶员属于新手，一辆富康轿车倒车时撞到了停止的其他车辆，造成本车左前门、左后门、右前翼子板变形（图 5-1），同时造成了第三者车的部分损失。

由于事实清楚，交警认定富康车车主负全责，一次性赔偿对方损失 200 元。

（a）　　　　　　　　（b）

图 5-1　富康侧面碰撞事故

2. 案例分析

标的车维修方案：

（1）更换左前门、左后门饰条；

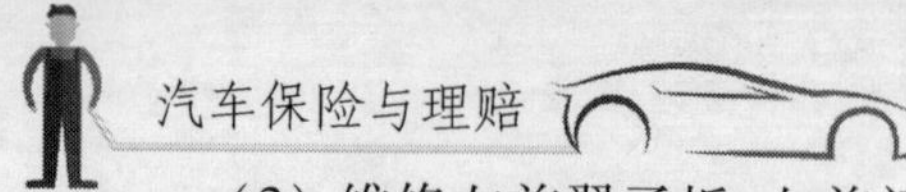

(2) 维修左前翼子板、左前门、左后门;

(3) 工时费约为 600 元。

5.1.2 标的车辆因转弯导致损失的案例

1. 案例简介

一辆东风雪铁龙轿车,在转弯时与对行的一辆车相撞,造成两车损坏。

东风雪铁龙前保险杠、右前翼子板、右前照灯受损(图 5-2)。

第三者车右前翼子板、右前门受损。

事实清楚,交警认定东风雪铁龙负全责。

(a) (b)

图 5-2 雪铁龙转弯时造成的碰撞事故

2. 案例分析

东风雪铁龙维修方案:

(1) 更换前杠、右前照灯;

(2) 维修右前翼子板、前保险杠;

(3) 工时费约为 1100 元。

5.1.3 标的车辆因碰撞起火导致损失的案例

1. 案例简介

一辆奥迪 A6 于 2006 年 10 月某日 22 时左右,在沿一段县乡公路行驶至一乡镇附近时,撞到了路面上堆放的杂石和泥土等障碍物后,驾驶员发现发动机罩处开始冒烟,很快车辆起火燃烧。

查勘发现:全车均有过火痕迹,轮胎全部燃烧,轮辋和轮辐熔化,车窗玻璃烧毁,全车灯光组件、前保险杠已无;车内座椅、前仪表台、全部内饰等件烧毁;发动机前部正时齿轮盖烧无,发电机后部壳体、进气歧管、气门座盖等铝质件熔化,气门座后盖熔化严重露出链条和凸轮轴;车架前右侧纵梁严重变形,左侧纵梁前端弯曲,发动机下部元宝梁弯曲变形(图 5－3)。

(a)　(b)　(c)　(d)

图 5－3　碰撞起火的奥迪 A6

2. 案例分析

由于车架前部纵梁和元宝梁、保险杠等前部机件严重变形,说明车辆受碰撞的力度较大,造成了较为严重的碰撞变形;汽车碰撞障碍物后,会引起相关机件发生位移,从而将电子喷射系统的油管挤断,使汽油喷射而出。由于碰撞刚刚发生时,发动机依然在工作,高压线有电火花跳出,从而引燃了喷射出来的汽油,发动机罩下发动机机舱内冒烟,后很快起火燃烧,就说明有油管的漏油参与了燃烧。事故发生当晚，风向为自车头至车尾方向，很容易使火势向后蔓延，从而引燃全车，并使油箱中的汽油被烘烤出而参与燃烧，加重了损坏程度。

该车受碰撞后，造成位于车辆前端的发动机油管破裂漏油而引起着火事故。车辆损失应由车辆损失险赔偿。

5.1.4 标的车辆因托底导致损失的案例

1. 案例简介

2005 年 9 月 9 日，济南市一辆海南马自达轿车车主报案，称车辆行驶中拖底，停车到路边检查看到路中央有一个下水道井盖凸起很厉害，车在路边开始漏油，如图 5－4 所示。

（a）标的车漏油

（b）标的车拖底井盖

（c）标的车下护板受损

（d）标的车油底壳受损

图 5－4 海马轿车托底事故

查勘发现：该事故发生在市中，由于道路年久失修，造成井盖高出地面很多，很多底盘比较低的轿车经常会拖底。该事故标的车受损在底部，在升降机上可以看出，该车漏油是因为油底壳破裂造成的，该车投保了车辆损失险，经检验双证合格有效，属于保险责任，所以下护板、油底壳给予更换。

2. 案例分析

本案件车辆损失明显，事故经过真实，经过现场查勘后，确定为保险责任，保险公司给予赔偿。

5.1.5　标的车辆因发动机进水导致损失的案例

1. 案例简介

2013年8月5日，袁某为自己的轿车购买了机动车辆损失保险，保险金额为13万元。2013年8月20日凌晨，市区下了一场倾盆大雨，多数道路积水，众多汽车被淹，袁某的车也不例外（图5－5）。同日上午9时，袁某准备开车上班，见停放在其住宅区通道的保险车辆轮胎一半被淹，且驾驶室中有浸水痕迹，经简单擦抹后就上车启动发动机。发动机在发出发动声后熄灭，尔后则无法起动。

图5－5　雨后被淹的汽车

袁某将车辆拖至某汽车维修公司，经检查认为故障原因是发动机进气系统进水并被吸进燃烧室，活塞运转时，由于水不可压缩，进而导致连杆折断，缸体破损。袁某向保险公司报案，被拒赔，袁某遂诉至法院。

审理期间，经保险公司申请，法院委托市产品质量监督检验所对车辆受损原因进行鉴定。鉴定认为：第一，造成发动机缸体损坏的直接原因是由于进气口浸泡在水中或空气滤清器有余水，启动发动机时，汽缸吸入了水，导致连杆折断，从而打烂缸体。第二，事发原因：当晚下了大雨,该车停放处涨过水,使该车被浸泡,进气管、空气滤清器进水。驾驶员启动汽车时,未先检查进气管、空气滤清器有无进水,使空气滤清器余水被吸入汽缸,造成连杆折断,缸体破损。袁某和保险公司对鉴定意见均无异议。法院判定保险公司胜诉。

2. 案例分析

关于暴雨引发的车辆损失有两类:一类是发动机因进水而导致的金属零件生锈、内饰污染、机油变质等;另一类是发动机因转动时进水而导致的缸体、活塞、曲轴等的损坏。对第一类损失保险公司和客户一般没有任何争议,对第二类损失双方经常有争议。此时就必须考虑近因原则:如果发动机进水后又启动导致的损失,一般认定近因为启动,因为保险公司认为驾驶人员应该具有用车的基本常识,知道发动机进了水又启动,必然会导致损失扩大,所以保险公司对此损失不予赔偿;而如果汽车在暴雨中行驶,由于积水进入发动机,导致发动机缸体、活塞、曲轴等损坏,则一般认定暴雨是近因,对所有损失保险公司都给予赔偿。应该说,第一类情况的损失金额不大,争议不多;第二类情况的损失金额较大,且经常产生争议。为此,目前各家保险公司在车辆损失保险条款的责任免除部分都规定:进水后导致的发动机损坏,保险公司不负责赔偿。在此规定下,无论何种原因,只要是发动机进水后导致了发动机损坏,保险公司都不给予赔偿。

而发动机进水又确实是大多数用车者经常面临的风险,所以,保险公司又开发了对此给予专门保障的一项附加险种——发动机特别损失险,其保险责任为机动车在使用过程中,因被保险机动车在积水路面涉水行驶,或被保险机动车在水中启动导致发动机进水而造成发动机的直接损毁,以及发生上述保险事故时被保险人或其允许的驾驶人对被保险车辆采取施救、保护措施所支出的合理费用,保险人负责赔偿。

5.1.6 标的车辆因自燃导致损失的案例

1. 案例简介

一辆桑塔纳 2000 轿车,购买了车损险、三者险和自燃险等。

2006 年 5 月 24 日，该车由泰安到石横行驶至泰肥一级公路某路段时起火。整车自前向后均有燃烧痕迹，四车轮及悬架烧毁，前保险杠、全车玻璃、前照灯均烧毁。驾驶室内座椅、仪表、内饰等全部烧毁。发动机舱内有燃烧痕迹。变速箱壳前部熔化。发电机后部壳体熔化严重，且第二缸高压线屏蔽罩颜色明显较其他缸发白。车架号板是焊接形成的，焊接缝呈矩形痕迹，车架号板与车身不是一体。事故图片如图 5-6。

图 5-6 桑塔纳 2000 自燃事故

2. 案例分析

该车在行驶过程中着火，第二缸高压线屏蔽罩颜色较白，且发电机后部烧损严重，该处为最初的起火点。该车为燃油管路漏油引起的火灾。

该事故损失属于自燃险赔偿范围，保险公司在车主购买了自燃险的前提下，应该给予正常理赔。

5.1.7 标的车辆因被划伤导致损失的案例

1. 案例简介

车身被淘气的孩子当成算数的“小黑板”，保险公司给买单吗？

相声演员姜昆说过这么一段相声，大意是：一位先生新买了一辆切诺基，高高兴兴开回了家，谁知第二天早晨一下楼，发现爱车尾门的“4×4”标志后面被淘气的小孩用钥匙刻上了“=16”，这位先生觉得又好气又好笑，心疼劲儿就别说了，马上开到修理厂进行修理。谁知刚修好的车放在楼下，又被淘气的小孩写上了答案，算术学得还不错。

这次修理厂的师傅给这位先生出了一个主意:"我干脆帮您在'4×4'后面喷上'=16',省着小孩再写了"。这位先生一听是个好办法。车修好了,开回家,这下心里塌实了,心里话:看你还写!谁知第二天早晨下楼一看,鼻子都气歪了。只见"4×4=16"后面划上了一个大大的"√"。

这是个笑话,虽然有些夸张,但是在实际生活中,类似的现象较为常见。那么这种损失,保险公司负责赔偿吗?

一辆本田思域轿车,停放时四周被划,导致前后杠、两个前翼子板、左前门都有不同程度的划痕,见图5-7。该车购买了车辆损失保险、车身划痕损失险等,保险公司员工经查勘现场,认定属于车身划痕险的保险责任。

(a)事故车整体照

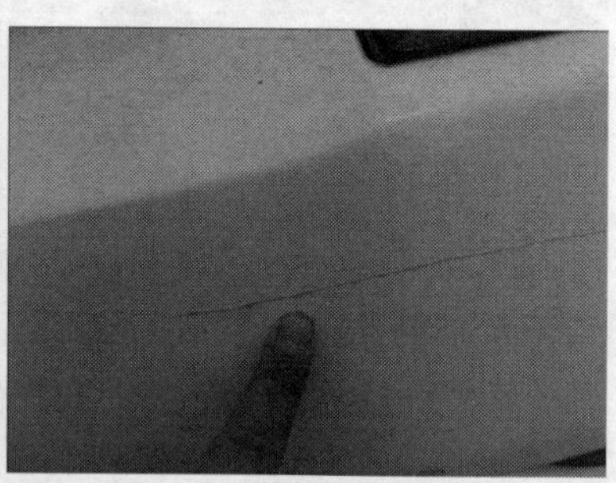

(b)前保险杠划痕

图5-7 轿车四周被划事故

2. 案例分析

车辆损失保险条款的责任免除部分规定:"无明显碰撞痕迹的车身划痕"属于除外责任。所以,根据此条款规定,车身被划等车辆损失,车辆损失保险将不给予赔偿。

但目前各保险公司都开发了对车身划痕专门予以保障的附加险种——车身划痕损失险,其保险责任为:无明显碰撞痕迹的车身划痕损失,保险人负责赔偿。所以,客户投保此险种即可享受相应保障。

车身划痕险与车损险的区别就是有无明显碰撞痕迹。如有明显碰撞痕迹,则车辆损失属于车损险赔偿范围;如无明显碰撞痕迹,则车

辆损失属于车身划痕险赔偿范围。

本案中,思域轿车四周的五处损伤都没有碰撞痕迹,显然是他人的恶意行为所致。经保险员工查勘现场、调查证人等,排除了车主及家人故意行为的道德风险,因此,该车车身损失为车身划痕损失险赔偿范围。

根据车辆损伤部位及车辆档次,定损金额为 1320 元,根据车身划痕损失险赔偿规定,每次赔偿实行 15% 的免赔率,所以保险公司实际赔付金额为 1122 元。

5.1.8　标的车辆因雹灾导致损失的案例

1. 案例简介

2014 年 3 月 19 日下午,一场突如其来的雹灾袭击了浙江台州,这是几十年一遇的雹灾,气势凶猛,来去迅速。冰雹有的如 1 元硬币大小,很快一地洁白,如大雪过后,场面震撼,有些汽车挡风玻璃被冰雹砸穿十几个洞,造成车辆等财产严重受损。雹灾中车辆的损失以车身漆面受损居多,车身表面凹坑的修复需要钣金和喷漆,但仍有小部分车辆的玻璃受到损伤(图 5-8)。

(a) 地面冰雹

(b) 遭遇雹灾的汽车

图 5-8　雹灾中受损的汽车

2. 案例分析

雹灾是车辆损失保险中保险责任部分明确列明的自然灾害之一。雹灾造成的车辆损失,无论是车身表面凹坑的钣金和喷漆修复,还是

车辆损坏玻璃的更换，毫无疑问保险公司都要负责。

自然灾害造成的意外事故，理赔时一般需要车主开具灾害天气的气象证明。但一些保险公司为方便客户，可直接与当地气象部门联系，统一取得灾害的气象证明，不再需要每个客户单独开具气象证明。

遭遇雹灾时，往往受损车辆数量较多，此时的定损、修复速度较慢，客户需耐心等待。

5.1.9 标的车辆因被盗窃导致损失的案例

1. 案例简介

一辆海马 HMC6432（五座）标的车于 2006 年 12 月 19 日购买，新车购置价 12 万元，投保车辆损失险（保险为 12 万元）、第三者商业责任险、全车盗抢险（保险为 12 万元）、玻璃单独破碎险（国产）、车上责任险。并特别约定：保险期内，保险车辆必须检验合格，否则保险人不负赔偿责任。保险期限为：2006 年 12 月 21 日至 2007 年 12 月 20 日。

2007 年 9 月 25 日驾驶员王某将车停在楼下，9 月 26 日清晨发现车被盗，遂向公安部门和保险公司分别报案。保险公司经查勘，情况属实，属于盗抢险保险责任。事故相关材料如图 5－9 所示。

赔款＝保额×（1－免赔率）＝120000×（1－20%）＝96000 元

（a）承保验车照片

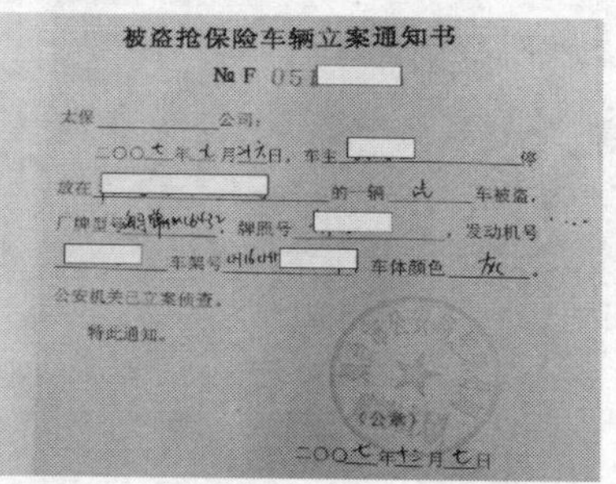

被盗抢保险车辆立案通知书

№F 051

太保＿＿＿＿公司：

二〇〇七年九月二十六日，车主＿＿＿＿停放在＿＿＿＿的一辆汽车被盗，厂牌型号＿＿＿＿，牌照号＿＿＿＿，发动机号＿＿＿＿，车架号＿＿＿＿，车体颜色灰。公安机关已立案侦查。

特此通知。

（公章）

二〇〇七年十二月七日

（b）立案通知书

(c) 购置税完税证明

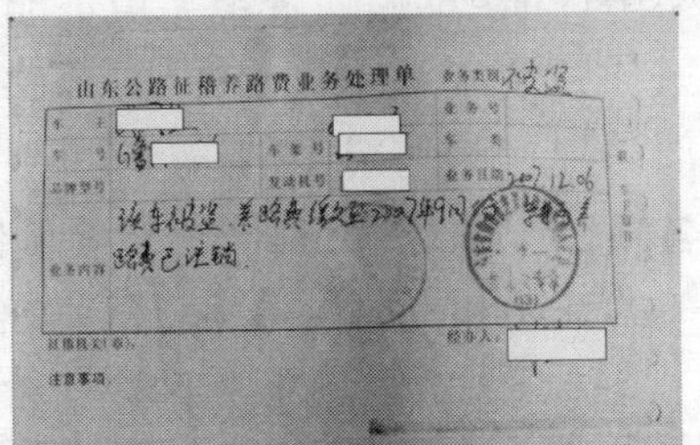

(d) 养路费报停手续

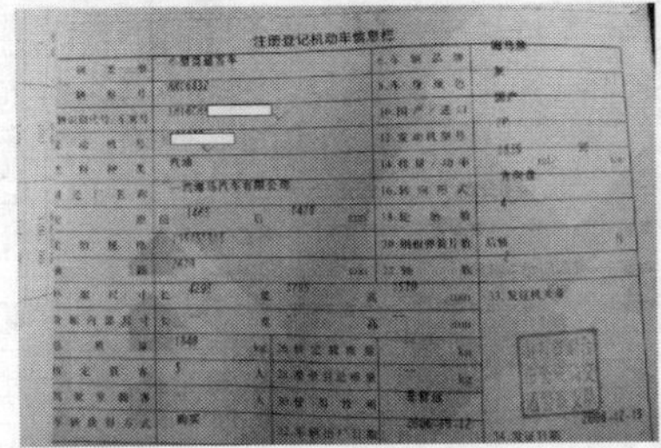

(e) 车辆登记证

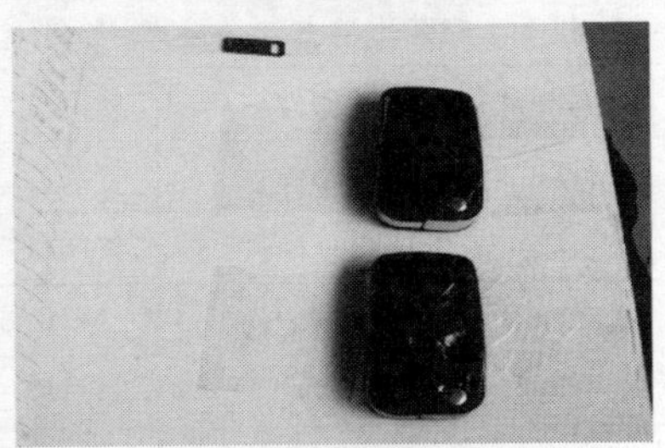

(f) 原车钥匙

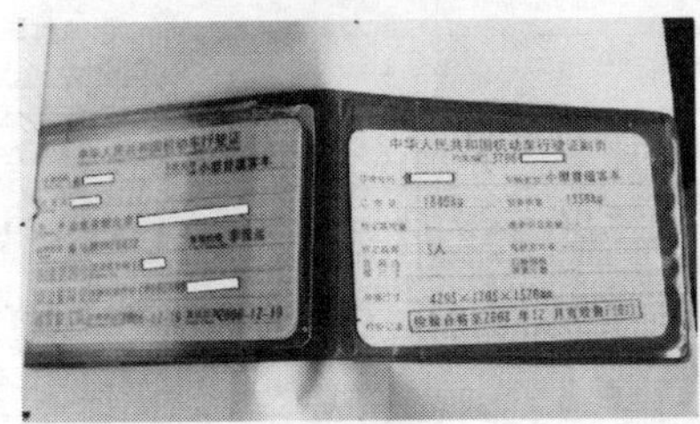

(g) 行驶证

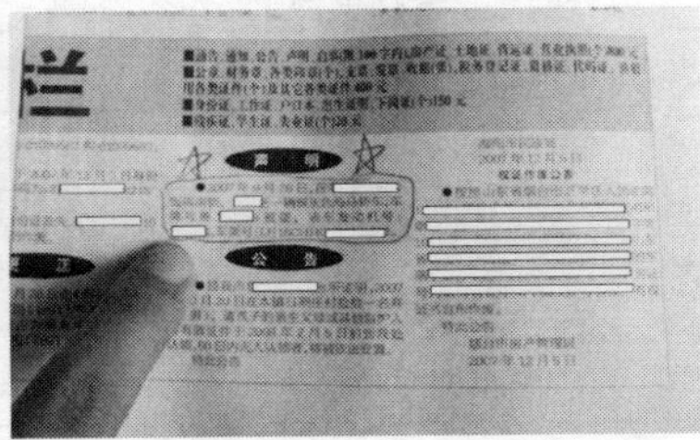

(h) 登报声明

图5-9　海马车被盗案件材料

2. 案例分析

车辆盗抢案件在我国的发案比例较高,即车辆所有者所面临的此类风险较大,故多数车辆所有者都会购买全车盗抢险。其保险金额一般由投保人与保险人在车辆的实际价值内协商确定。本案中标的车属于新车投保,实际价值即为新车购置价,所以投保符合要求。

盗抢险索赔时,被保险人应提供的材料较多,如:保险单;被保险人的有效身份证明;机动车登记证书、机动车行驶证、购车发票等机动

车来历证明、车辆购置税完税证明或免税凭证、车钥匙；报案回执、案件未侦破及车辆未寻回证明、养路费报停证明；车辆管理所已根据刑侦部门提供的情况，在其计算机登记系统内记录，并停止办理保险车辆各项登记的证明；其他能够确认保险事故的性质、原因、损失程度等有关的证明和资料。本案件的索赔材料清单如表 5－1 所列。

表 5－1　索赔材料清单

单证名称	单证类型	本次已收数量	单位	接收人	接收时间
机动车索赔申请书	原件	1	份	赵××	12/27/2007
驾驶证正副本复印件	复印件	1	份	赵××	12/27/2007
行驶证正副本复印件	复印件	1	份	赵××	12/27/2007
被保险人身份证明复印件	复印件	1	份	赵××	12/27/2007
机动车登记证书或复印件	原件	1	份	赵××	12/27/2007
机动车行驶证	原件	1	份	赵××	12/27/2007
出现地县级以上公安刑侦部门出具的盗抢案件证明	原件	1	份	赵××	12/27/2007
未破案证明	原件	1	份	赵××	12/27/2007
车辆已报停手续	原件	1	份	赵××	12/27/2007
养路费报停手续	原件	1	份	赵××	12/27/2007
全套原车钥匙	原件	1	份	赵××	12/27/2007
购车原始发票	原件	1	份	赵××	12/27/2007
车辆购置税完税证明（或免税证明）	原件	1	份	赵××	12/27/2007

关于全车损失赔款的计算方式为：

（1）保险金额高于出险时的实际价值：赔款＝出险时的实际价值×（1－绝对免赔率）；

（2）保险金额等于或低于出险时的实际价值：赔款＝保险金额×（1－绝对免赔率）。

本案中所采用的是用第二个公式计算赔款，稍有偏差，因为车辆已使用了 9 个月，产生了部分折旧，比如按保险公司通常规定的月折旧率 0.6%，则车辆折旧金额为 120000×5.4%＝6480 元。然后再按第

一个公式计算即可：(120000 - 6480)×(1 - 20%) = 90816 元，而本案却赔偿了 96000 元。

5.1.10　标的车辆因玻璃破碎导致损失的案例

1. 案例简介

一辆天籁轿车购买了玻璃单独破碎险。2011 年 5 月 5 日，在济南外环路行驶时，一块飞起的石子将前风挡玻璃打坏（图 5 - 10），车主请求赔付。

图 5 - 10　天籁前风挡玻璃损坏事故

2. 案例分析

经保险公司查勘员勘查，认定属于玻璃单独破碎险保险责任，给予赔偿。

定损结果如下：

（1）材料费：前风挡玻璃 1×1140 元 = 1140 元，两边胶条 2×70 元 = 140 元，胶条 1×15 元 = 15 元，合计 1295 元；

（2）拆装工时费：300 元；

(3) 事故定损金额:1595元(要求提供4S店发票)。

5.2 第三者损失案例

5.2.1 交强险无责赔付案例

1. 案例简介

吴先生购买了一辆桑塔纳,并购买了交强险。某天在路口等红灯时被一辆奔驰追尾,桑塔纳后保险杠被撞坏,奔驰的前保险杠等也出现了损坏。交警认定奔驰车主负全责。桑塔纳维修费180元,奔驰维修费3200元。此种情况下,奔驰车主肯定要赔偿吴先生车辆的损失180元,那么作为无责任一方的吴先生或其投保的保险公司是否要赔偿奔驰车的损失呢?如果要赔偿,最多应赔偿多少呢?

按现行交强险规定,在事故中,有责任方在财产损失责任限额2000元内赔偿对方车辆损失,无责任方在财产损失责任限额100元内赔偿对方车辆损失。所以,吴先生赔偿奔驰车主100元。

吴先生甚是纳闷:“对方撞了自己,自己还要赔偿对方100元,交强险到底是怎么回事?”

2. 案例分析

为加强对受害人利益的保护,交强险规定机动车肇事后,即使自己一方无责也要赔偿对方一定损失,以无责任限额为赔偿限度,如图5-11所示。

交强险的无责限额分三项:①无责任死亡伤残赔偿限额为11000元;②无责任医疗费用赔偿限额为1000元;③无责任财产损失赔偿限额为100元。

该案中,吴先生的车辆被追尾,己方无任何责任,所以,只需在无责财产损失赔偿限额下赔偿对方部分修车费用100元即可。

为方便案件处理,简化赔偿程序,目前交强险规定:无责方车辆对有责方车辆损失应承担的财产损失赔偿金额,由有责方在本方交强险无责任财产损失赔偿限额项下代赔,即双方事故中桑塔纳车主无责

图 5－11　交强险无责也要赔偿

时,是需用自己的交强险的,只不过费用暂由有责任方代赔。

还有,桑塔纳车主使用了交强险,那么他第二年买交强险是否价格上浮呢？根据《交强费率浮动暂行办法》规定:仅发生无责任道路交通事故的,交强险费率仍可享受向下浮动。

5.2.2　驾车撞自家人案例

1. 案例简介

刘某买了一辆北京吉普,并购买了车辆损失保险、第三者责任保险、车上人员责任险、盗抢险、不计免赔险。一天,刘某晚上下班后,急急火火开车回家,在快到家门口时撞到了一位行人。刘某下车一看竟是自己的妻子。妻子住院期间,花了几万元。刘某想起这辆车购买了第三者责任保险,就找保险公司索赔,被拒赔(图 5－12)。刘某不服,上诉至法院。法院判刘某败诉。

2. 案例分析

第三者责任保险中的第三者,通俗地讲就是要排除五种人:保险人、被保险人、本车发生事故时的驾驶员及其家庭成员、被保险人的家庭成员、车上人员。在责任免除条款部分也明确列明被保险人家庭成员不属于第三者范围。条款之所以如此规定,是为了防范道德风险,即防范谋杀或者伤害家庭成员进行骗保以及以伤养病的诈骗行为。

图 5-12　驾车撞自家人

法院判原告败诉的依据是：原被告之间的保险合同是双方当事人真实意思表示，且不违反有关法律规定，为有效合同，应受法律保护。本案虽发生在保险期限内，但合同中的免责条款明确约定保险车辆造成被保险人家庭成员的伤亡，被告不负责赔偿，且在投保单中声明被告已将保险条款（包括责任免除部分）向其作了明确说明，原告也签名表示已充分理解条款。因此，法院判刘某败诉。

5.2.3　驾驶员下车被撞案例

1. 案例简介

2008 年 5 月 18 日晚，任某和郎某驾驶一辆重型货车，在京福高速路江西段行驶。从始发地山东一路开至江西，任某和郎某均显疲态。任某是车主兼驾驶员，因为这趟是长途，便找来会开车的朋友郎某一同前往。两人决定轮流开车，每过几个小时便换着开。

当晚 22:40 左右，两人发现车有故障，便将车停靠在加速车道内检查车辆。随后，郎某下车检查车辆。事后郎某回忆：当时，我正在车下修车，看到后面有一辆大货车过来，便赶紧一边收拾修车工具，一边示意在车上休息的任某将车开到旁边去。谁知当时睡眼惺忪的任某只听到郎某叫他开车，并没注意车下的郎某还没收拾好工具，启动车辆后，右侧驱动轮将郎某双腿压伤，导致郎某截肢的严重后果，该伤经鉴定伤残等级为五级，如图 5-13 所示。

图5-13 停靠路边维修的货车

交警部门通过勘查认定，任某未按操作规范安全驾驶机动车，其行为违反了《道路交通安全法》第二十二条第一款的规定，其过错是造成此次事故的主要原因。郎某在车辆行驶时修车，其行为违反了《道路交通安全法》第六十三条的规定，其过错是造成此次事故的次要责任。

之后，任某作为雇主，给付郎某包括伤残赔偿金等赔偿款近15万元。任某向保险公司提出索赔。3个月后，保险公司作出理赔决定：此次事故不属于保险责任，拒赔。

任某认为，郎某相对于由任某驾驶的事故车辆而言属于第三者，所以，他对郎某所承担的民事责任属于保险合同第三者责任保险的责任范围，保险公司应该按照合同约定承担给付保险赔偿金的义务。但保险公司坚持认为，该案导致的人身损害赔偿，系任某与郎某之间的人身损害赔偿案件，与保险公司没有任何关系。虽然发生交通事故时，郎某在车下维修，但郎某仍然是该车驾驶员。驾驶员是不能获得第三者责任保险赔偿的。

双方调解无果，任某将保险公司告上了法庭。

2. 案例分析

在车下修车的驾驶员是否是事故中的“第三者”，这是本案的焦点所在。保险公司和任某在这点上，存在严重分歧。

在第三者责任保险责任免除条款部分，明确列明本车驾驶员不属于第三者的范围。且保险合同是双方当事人之间真实意思的表示，不违反有关法律规定，为有效合同，应受法律保护。同时，在投保单中声明保险人已将保险条款（包括责任免除部分）向被保险人任某作了明确说明，任某也签名表示已充分理解条款。所以，保险公司拒赔合理。法院拒绝了任某的诉讼主张。

5.2.4 撞死无名氏案例

1. 案例简介

频繁往来于山东青岛和日照两地之间的车主陈某向保险公司报案称：1月21日凌晨5:10分，自己开车前往青岛进货，行至某路段时，突然一名男子横穿公路。由于当时下着大雪，来不及踩制动踏板，一下把他撞倒了，该男子已当场死亡（图5-14）。交警大队作出了《交通事故认定书》，认定车辆驾驶员陈某在事故中与死者负有同等责任。

图5-14 车祸现场

为弄清这名男子的身份，当地公安局查询了当地的户籍档案，没有查到死者的身份。随后，公安局又在当地媒体发布“认尸启事”，但两个月过后，仍然没人前来认领。公安机关因此推断，这名男子有可能是一个流浪汉，并非当地居民。

根据交警大队的计算，陈某应对这次事故承担赔款8万余元，作

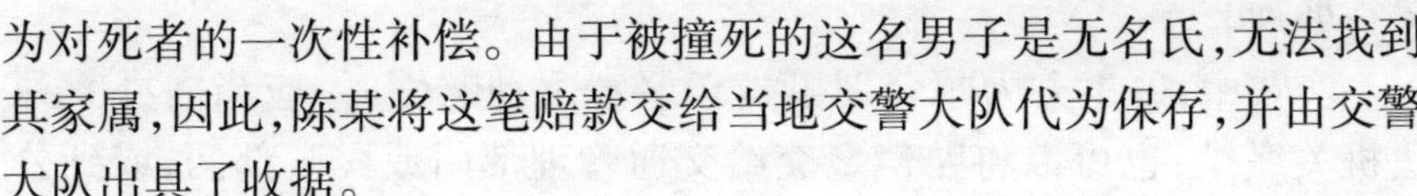

为对死者的一次性补偿。由于被撞死的这名男子是无名氏，无法找到其家属，因此，陈某将这笔赔款交给当地交警大队代为保存，并由交警大队出具了收据。

保险公司理赔人员经过调查、了解，认定事故属实。此后，陈谋向保险公司索赔，但保险公司却以“被撞死者是无人认领的无名氏”为由拒赔。

2. 案例分析

本案中，陈某购买的保险条款中，没有“事故第三者是无名氏，保险公司就能免赔”的规定。根据“法律面前人人平等”的原则，虽然死者是无名氏，但也享有相等的权利，保险公司应该依照有关规定履行赔偿义务。

但保险公司的赔偿必须明确两点：一是交通事故死者的身份无法界定，理赔金额如何确定；二是理赔金额支付给谁，无名氏的权利主体如何确定。

《交通事故处理程序规定》第七十一条规定：“交通事故死亡人员身份无法确认的，公安机关交通管理部门应当将其所得赔偿费交付有关部门保存。其损害赔偿权利人确认后，由有关部门将赔偿费交付给损害赔偿权利人”。

所以，本案中的保险公司应当赔偿陈某根据当地交警大队计算出的对这次事故承担的部分赔款 8 万余元。

另外，根据我国《城市生活无着的流浪乞讨人员救助管理办法》规定，民政部门承担对无名流浪乞讨人员的救助职责，这种救助不仅仅是对流浪乞讨人员生活无着的保障，也包括流浪乞讨人员人身遭受侵害后提供的法律援助，即损害赔偿主张的权利。因此，无名氏在交通事故中受侵害致死后，民政部门可作为原告向肇事方主张权利。

而交强险实务规定，交通事故死亡人员身份无法确认的，其交强险赔偿金由道路交通事故社会救助基金管理机构提存保管。无法由道路交通事故社会救助基金管理机构提存的，保险公司可以对已产生的费用，如医疗费、丧葬费，按照交强险赔偿标准凭票据赔偿，其他项目原则上不应向无赔偿请求权的个人或机构赔偿，可以根据法律文书另行处理。

实践中，肇事方为减轻刑事责任愿意主动赔偿时，应当向办案司法机关缴纳，也可以将赔偿金交给交通管理部门或民政部门，或到公证处办理提存公证。

5.2.5 第三者人伤费用计算案例

1. 案例简介

2008 年 08 月 10 日，某驾驶员驾驶标的车与第三者车发生碰撞，第三者车跌落水沟后被淹，驾驶员抢救无效死亡（汽车落水见图 5-15）。经过交警调解，该案全部赔偿金额以 320000 元结案，其中，死者分得的赔偿金额为 300000 元，第三者车辆损失分摊到的金额为 20000 元，其人伤的相关费用清单如表 5-2 所列。标的车购买的险种为交强险、商业第三者责任险（责任限额为 30 万元）及第三者不计免赔率。

图 5-15 汽车落水图

表 5-2 第三者人伤相关费用清单

赔偿项目	客户上报金额	保险公司核定金额（交强险项下）	保险公司核定金额（商业三者险项下）
医疗费	945.0	600.0	0
营养费	0.0	0.0	0.0
住院伙食补助费	0.0	0.0	0.0

（续）

赔偿项目	客户上报金额	保险公司核定金额（交强险项下）	保险公司核定金额（商业三者险项下）
后续治疗费	0.0	0.0	0.0
整容费	0.0	0.0	0.0
死亡赔偿金	112480.0	110000.0	2480.0
住宿费	55000.0	0.0	0.0
交通费	45000.0	0.0	0.0
康复费	0.0	0.0	0.0
丧葬费	18198.0	0.0	18198.0
被抚养人生活费	48377.0	0.0	10505.75
残疾辅助器具费	0.0	0.0	0.0
误工费	20000.0	0.0	754.0
精神抚慰金	0.0	0.0	0.0
护理费	0.0	0.0	0.0
其他费用	0.0	0.0	0.0
协议赔偿金额	0.0	0.0	0.0

2. 案例分析

该案索赔项为交强险和商业第三者责任险，交警调解结果为 320000 元结案（死者得到的金额为 300000 元），保险公司认可的费用有：

（1）医疗费：凭票计算 945 元，其中 345 元属于不合理费用（救护车费）；

（2）死亡赔偿金：死者是农村居民，按广东省 2008 年度标准 5624 元/年计算有：5624 元/年×20 年=112480 元；

（3）住宿费：未提供住宿票据，不予认可；

（4）交通费：未提供交通票据，不予认可；

（5）丧葬费：按 2008 年度广东省一般地区职工的平均工资标准计算 36396 元/年÷2=18198 元；

(6) 被抚养人生活费:结合保险公司的查勘记录及家庭情况调查表,符合抚养条件的人员及年限分别为:其母 5 年,兄弟 2 人;被扶养人是农村居民户口,标准为 4202.30 元/年,即 4202.30 元/年×5 年÷2=10505.75 元;

(7) 误工费:从伤者死亡距离火化时间间隔 13 天,酌情 3 人处理事故,误工天数合计 39 天,因为没有提供收入减少证明,按 2008 年度河源市最低工资标准 580 元/30 天计算,即 580 元/30 天×39 天=754 元;

另有第三者车辆损失 20000 元。

根据交强险规定,被保险机动车在道路交通事故中有责任的赔偿限额为:

(1) 死亡伤残赔偿限额 110000 元;项下负责赔偿丧葬费、死亡赔偿金、受害人亲属办理丧葬事宜支出的交通费用、残疾赔偿金、残疾辅助器具费、护理费、康复费、交通费、被抚养人生活费、住宿费、误工费,被保险人依照法院判决或者调解承担的精神损害抚慰金。

(2) 医疗费用赔偿限额 10000 元;项下负责赔偿医药费、诊疗费、住院费、住院伙食补助费,必要的、合理的后续治疗费、整容费、营养费。

(3) 财产损失赔偿限额 2000 元人民币。

所以保险公司从交强险项下赔偿第三者费用为:

(1) 死亡伤残项下赔偿费用有:死亡赔偿金、丧葬费、被抚养人生活费、误工费。四项费用之和=112480 元+18198 元+10505.75 元+754 元=141937.75 元,已超出其责任限额 11 万元,所以交强险该项下赔偿 11 万元,超出的 31937.75 元为商业三者险赔偿范围。

(2) 医疗费用项下赔偿费用有医疗费,数额为 600 元,未超出其责任限额 1 万元,所以交强险该项下赔偿 600 元。

(3) 财产损失项下赔偿三者的车辆损失,数额为 20000 元,已超出其责任限额 2000 元,所以交强险该项下赔偿 2000 元,超出的 18000 元为商业三者险赔偿范围。

综上,保险公司从交强险项下赔偿第三者费用=110000+600+

2000 = 112600 元；保险公司从三者险项下赔偿第三者费用 = 31937.75 + 18000 = 49937.75 元。

5.2.6　挂车超载压坏桥案例

1. 案例简介

李某电话报案，称其自有的货车在距济宁 40 公里的某镇过桥时，桥被压坏，车辆后挂车倾覆。保险公司接报案后及时告知李某不要离开现场，并立即派人赶往。当查勘人员赶到现场时被保险人正在组织人员卸货。通过现场查勘，基本可以确认该车超载（图 5-16）。查勘人员当场要求客户李某出示货运单，而李某声称没有货运单。查勘人员立即测量了挂车的栏板高度，拍照了货物的装载高度，并询问了货物的装载地点，在告知李某有关修车事宜后返回济宁。

回到保险公司后，理赔人员经过查找挂车栏板原车尺寸，并比较所拍摄的照片，后又联系到了标的车装货点的装货记录，比对车辆行驶证核定载质量后，做出了对此案拒赔的处理决定，并向被保险人下达了拒赔通知书。被保险人李某开始不接受保险公司的处理意见，甚至出言不逊。理赔人员对其动之以情、晓之以理地耐心解释说服，并劝其打消了诉讼念头。最后，李某"心不悦但诚服"地接受了保险公司的处理意见，使该案成功拒赔。

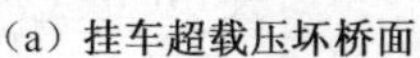
（a）挂车超载压坏桥面

（b）栏板已改装，且货物装载超过原栏板高

图 5-16　挂车压塌石桥的事故

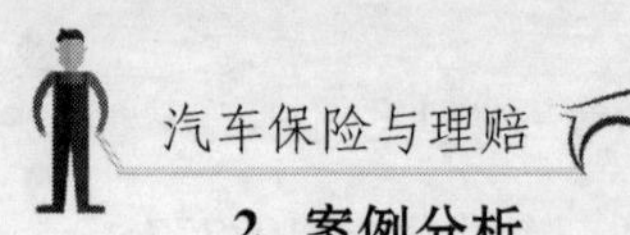

2. 案例分析

《交通安全法实施条例》第五十四条规定：机动车载物不得超过机动车行驶证上的核定载质量，装载长度、宽度不得超出车厢，并应当遵守下列规定：

（1）重型、中型载货汽车，半挂车载物，高度从地面起不得超过4米，载运集装箱的车辆不得超过4.2米。

（2）其他载货的机动车载物，高度从地面起不得超过2.5米。

（3）摩托车载物，高度从地面起不得超过1.5米，长度不得超出车身0.2米。两轮摩托车载物宽度左右各不得超出车把0.15米；三轮摩托车载物宽度不得超过车身。

载客汽车除车身外部的行李架和内置的行李厢外，不得载货。载客汽车行李架载货，从车顶起高度不得超过0.5米，从地面起高度不得超过4米。

本案中车辆严重超载，且超载是造成本次事故的近因，所以保险公司予以拒赔是正确的。

类似本案例的货车压塌桥梁的事故可分为四种类型：第一种是货车因超载，压塌桥梁；第二种是货车不超载，是桥自身质量有问题，致使被压塌；第三种是车不超载，桥质量也没有问题，但车的总质量超过桥允许的最大重量，且桥没有允许通过重量的标识牌或有标识牌但驾驶员没有注意到，而导致的压塌事故；第四种是车不超载，桥质量也没有问题，但车的总质量超过桥允许的最大重量，且有标识牌，而是驾驶员不管不顾，强行通过导致的压塌事故。应该说第一种、第二种、第四种类型事故导致的车辆损失及三者损失，保险公司都会拒赔。第三种类型事故导致的损失，保险公司一般会给予赔偿。因为第一种事故的责任在于车辆超载，超载是违法行为，所以事故损失应由被保险人自己负责；第二种事故的责任在于桥梁本身的质量不合格，事故损失应由桥梁管理部门负责；第四种事故的责任在于驾驶员，故意行为是道德风险，保险公司不负责由此导致的事故损失，应由被保险人或驾驶员本人负责。而第三种事故的责任在于驾驶员疏忽或判断失误，但并非其故意行为，所以保险公司应负责赔偿。

5.2.7 第三者车库卷帘门损坏案例

1. 案例简介

标的车为尼桑颐达轿车，客户在小区楼下停车时，错将油门当成刹车，与第三者车库卷帘门相撞，造成标的车受损，第三者卷帘门损坏，如图5-17所示。

(a) 事故全景

(b) 受损卷帘门

图5-17 标的车撞卷帘门事故

2. 案例分析

查勘意见：本次事故发生在小区内，标的车客户停车时错将油门当成刹车，导致标的车与车库卷帘门相撞，造成标的车和卷帘门受损。

定损分析：

(1) 标的车定损。

更换项目：前保险杠骨架425元；
散热器护板44元；
前大灯罩648元；
前保险杠内衬53元；
前保险杠皮657元；
合计：1827元。

修理项目：前杠修复、喷漆，调整左前翼子板，工时费320元。

残值扣除：20元。

车辆定损合计：2127元。

(2) 第三者财产损失定损。

卷帘门规格为2.2 * 2.4m²，700元，拆卸安装工时费用为80元，扣除残值 80 元,最终定损金额为 700 元。

5.2.8 第三者漫天要价案例

1. 案例简介

2008 年 8 月 2 日 8:15,客户郑某报案称:昨晚 12 点,他驾驶欧曼载货汽车,行驶至外市开发区某工业园时,车尾把大门挂倒(图 5-18)。对方要求赔偿 1 万元维修费,并强行把车扣住不让离开。

(a) 出险标的车辆　　(b) 受损大门门柱

图 5-18 欧曼货车撞坏大门事故

标的车在异地出险,保险公司遂委托当地保险公司代为查勘定损。受委托公司接到通知后,马上与客户取得联系,告知客户,千万不要马上赔偿对方 1 万元的维修费,等待查勘人员去鉴定损失,20 分钟内可以赶到现场。鉴于第三者的偏激行为,建议报警协助处理。

15 分钟后,查勘员赶到事故现场,经询问看门人,确定晚 12 时客户碰门后,下车时无酒后驾驶行为。经查勘,现场痕迹相符,车架号与行驶证、保单一致,双证合格有效,构成保险责任。第三者老板给查勘人员一张手写的损失清单:大理石损失 14 块,一块价格 600 元,共计 8400 元,镜子 600 元,辅料及人工合计 1000 元,共计 1 万元。由于受损物为大理石装饰的大门,查勘人员缺乏对该类物品定损的经验。经询问当地大理石经销商,大理石售价不仅要依据数量,还要根据花纹和质量,价位为 180~400 元/m^2。得此消息,立即在现场取样驱车赶到经销点,经销商称此种大理石的价格为 250 元左右。经测算,损毁面积为 $0.48*7=3.36m^2$,合计 840 元,再根据当地农民工日均收入水

平加辅料，总计在 1300～1400 元。

经过长时间协商，在充分的证据面前第三者终于答应按 1400 元赔偿并放车，民警在现场参与了事故的处理，也同意马上开据派出所证明。随后告知客户，在拿到派出所证明和发票后，可以凭这些资料向投保公司索赔。

2. 案例分析

对于第三者物损案件，第一现场的查勘非常重要，一定要协助客户做好前期处理，掌握定损的主动权，同时应根据受损的材料及程度初步确定赔偿方案，并向专业人员咨询求证，切忌盲目定损。对在外地出险，第三者方有偏激行为的，应向当地公安部门报案。肇事者不能委曲求全，盲目满足第三者的任何要求，本案中的客户一旦赔付了第三者 1 万元，那保险公司后期的处理将非常被动，同时，自己向保险公司的索赔也不能得到满意的结果。

5.2.9　路灯杆损坏案例

1. 案例简介

张某驾私家车在路上行驶时，由于一时疏忽，车辆偏离了行驶车道，撞在了路边的路灯杆上，导致车辆损毁，路灯杆撞断，路灯支架、灯罩、灯泡等损坏(图 5－19)。交通事故处理部门认定张某全责。保险公司查勘人员经查勘后认定情况属实，为保险责任，并由市道路交通事故车(物)损失价格评估部门给出损失评估结论书(表 5－3)。

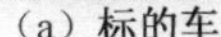

(a) 标的车

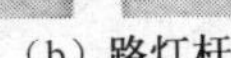

(b) 路灯杆

图 5－19　撞坏路灯杆事故

表 5－3　某市道路交通事故车(物)损失价格评估结论书

序号	名称	数量	单位	规格型号	单价	金额	备注
1	路灯杆	1	支	28cm×0.8cm×11m	3800	3800	11m 为杆高
2	路灯支架	2	支	1.2m×0.4cm×0.4m	240	480	长×宽×高
3	水银灯罩	2	个	30cm×20cm	385	770	
4	水银灯泡	2	个	200~260V	120	240	
5	防水光缆	18	米	3 线×$4m^2$	40	720	
6	吊运费	7	小时	2 吨吊	200	1400	杆吊出、吊入
7	人工费	5	天		80	400	雇工
8	灯架、灯		次	安装费	100	100	
	合计					8000	

2. 案例分析

本案事故损失属于道路事故中常见的第三者物损类型。保险公司应按事故现场直接造成的现有财产实际损毁依据保险合同予以赔偿。确定损失时可与第三者(如本案中的供电公司)协商。保险人在与第三者协商时,必须收集当地同类损坏物赔偿标准,以便依据损坏物的品种、型号、数量、损坏程度准确确定损失金额。除协商定损外,由具有独立资格的、与保险人和受害者都没有关系的权威评估机构评估事故损失,也是一种非常有效的定损方式。如前两种定损方式,双方仍存在争议,则可申请仲裁或诉讼。

5.2.10　汽车撞狗案例

1. 案例简介

某日,李某在其居住的小区内驾车行驶时,不慎将同一小区内张某的宠物犬撞伤(图 5－20),并为医治该犬花费 500 多元,车辆有一定损毁,修车费用 300 元。事后,李某向保险公司报案。保险公司称,车主申请理赔必须有公安交通部门出具的事故责任认定证明或者当地派出所出具的证明材料。而当地交警部门和派出所则分别以“车犬相撞责任难以认定”和“此事不在警方负责范围”为由拒绝出具相关证

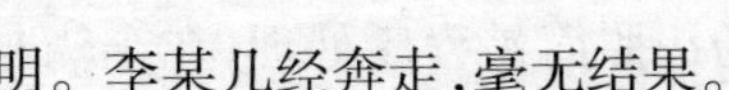

明。李某几经奔走,毫无结果。

居民小区内汽车撞伤狗的事故是否属于"交通事故"的范畴呢?《道路交通安全法》第一百一十九条规定:交通事故是指车辆在道路上因过错或者意外造成的人身伤亡或者财产损失的事件。那么小区的道路是否属于交通事故含义中的"道路"呢?《道路交通安全法》第一百一十九条还规定:"道路"是指公路、城市道路和虽在单位管辖范围但允许社会机动车通行的地方,包括广场、公共停车场等用于公众通行的场所。可见,居民小区内的道路是一般性的道路,而非道路交通安全法中的"道路",所以,居民小区内汽车撞伤狗的事故还不属于"交通事故"范畴。而《道路交通安全法》第七十七条规定:"车辆在道路以外通行时发生的事故,公安机关交通管理部门接到报案的,参照本法有关规定办理。"所以,居民小区内汽车撞狗的事故只要报了案,公安机关交通管理部门有义务处理,并应参照交通事故有关规定处理,且出具事故认定书。

图 5-20　汽车撞狗

2. 案例分析

车犬相撞责任认定问题是一难题,缺少法律依据,容易产生纠纷,一些地方已研究制订了相关政策。比如,2007 年 1 月青岛市推出《关于处理车辆与犬交通事故的意见》,其中规定,车辆与犬在道路上发生碰撞、碾压、刮擦,造成犬受伤或者死亡的案件属于交通事故,交警部门接到报案后，应立即派民警赶赴现场按照简易程序处理；在车辆与犬的交通事故中，民警可明确各方当事人的责任，当场制作事故认定书。在处理上，对驾驶员的过错适用《道路交通安全法》等法律法规；对狗的所有人过错适用《青岛市养犬管理办法》。事故中犬伤亡的损失可由当事人协商确定，协商时可以参照购买犬时的正规发票、宠物市场出具的市场价格证明或者有评估资格的机构出具的价值认书。应该说，青岛市的做法为其他尚未有该方面处理意见的地方或尚未有处理思路的公安人员提供了良好参考。遇到养犬人对交警处理不服的，依照法律规定，还可起诉到法院解决。作为保险公司，理赔时坚持要求被保险人出具事故责任认定证明没有问题，否则，容易导致较多的道德风险。

5.3 其他案例

5.3.1 车上货物损失案例

1. 案例简介

一辆飞鲁 SKW9404CLXY 挂车，投保了第三者责任险（责任限额 50 万元）、车辆损失险（保险金额 9 万元）、车上货物责任险（责任限额 2 万元）、火灾爆炸自燃损失险（保险金额 6.2 万元）以及以上险种的不计免赔险。保险期限 2010 年 4 月 18 日至 2011 年 4 月 17 日。

2010 年 8 月 15 日，标的车去内蒙古送货，在呼和浩特市清水河县 209 国道某路段下坡时，因路滑导致侧翻，货物（大理石）受损（图 5-21），第三者路面受损。

经查勘，该事故属于保险责任事故，保险公司予以赔偿，具体赔偿方案是：车辆损失从车辆损失险赔偿，第三者路面从交强险赔偿，超出部分从第三者责任险中赔偿，车上货物（大理石）损失从车上货物责任险中赔偿。

2. 案例分析

车上货物责任险条款是一附加险种，投保了机动车第三者责任保

图 5－21　货车侧翻事故

险的机动车,可投保本附加险。其保险责任是保险期间内,发生意外事故致使被保险机动车所载货物遭受直接损毁,依法应由被保险人承担的损害赔偿责任,保险人负责赔偿。

本案中,车上大理石块(五莲花)损失共 306m^2,单价是 49 元/m^2,共损失 14994 元,另需扣除残值 500 元。

5.3.2　事故施救费用案例

1. 案例简介

赵某是某物流公司驾驶员,2008 年 5 月 2 日,驾拖挂车前往烟台送货。行驶到某国道 50 公里处时,突然从公路旁窜出一自行车横穿马路,赵某采取紧急避让措施:猛打转向盘、制动车辆、往道路右侧急转弯。结果自行车避让过去了,但由于车速太快,转向盘打得也比较大,使得主车、挂车的右轮均陷入松软地带,造成车子倾斜。

为使车子返回路面,赵某重起车辆,但车却越陷越深,倾斜角度越来越大。赵某为防止事故损失进一步扩大,与当地相关部门取得联系,在警方的帮助下,用吊车将载货汽车恢复了原状(图 5－22)。这样一来,保险车辆无损失,但发生施救费 5000 元。赵某返回本地后,去保险公司申请理赔,却遭拒绝,理由是赵某采取用吊车的自救措施,费用不合理。

2. 案例分析

本案中的事故是驾驶员由于避让骑车人驶入了路边松软地,并未接触它物，更谈不上倾覆，这种情况下该车只需牵引即可恢复行驶能力。而客户却接受了整车起吊这样明显不必要的施救措施，产生了大笔施救费用，属于不合理施救。

图 5－22　吊车施救货车

5.3.3　事故减值损失案例

1. 案例简介

2007 年 5 月 25 日，徐某驾出租车行至学院路时与张某驾驶的蒙迪欧发生正面碰撞，两车各有损伤，出租车前部损伤较重，蒙迪欧损伤轻微（图 5－23）。交警认定，徐某对此次事故承担全部责任。徐某除了承担张某的修车费外，张某还要求徐某赔偿车辆的减值损失 1000 元，并且拿出了物价部门对蒙迪欧贬值费鉴定的证明。

（a）事故现场近景

（b）碰撞部位局部照

图 5－23　出租车与蒙迪欧相撞

徐某认为事故车辆修理之后并不影响正常使用，贬值只有在市场

交易时才会发生，而现在没有交易，因此车辆减值损失体现不出来。事故的损失包括直接损失和间接损失，车辆的损坏属于直接损失，车辆的减值属于间接损失，间接损失不应赔偿。张某则认为无论是间接损失，还是直接损失，既然都是损失，肇事者就应该赔偿。

徐某咨询自己投保的保险公司，保险公司的答复是拒绝赔偿减值损失。

2. 案例分析

"减值损失"是指由于局部损坏导致标的物整体价值的减少，即事故会造成车辆贬值。从法律角度看，"减值损失"是具有相应法律依据的。因为对于财产的侵权损害赔偿一般适用"填平原则"，即赔偿的数额应与事故所受到的损失相当。那么，事故车辆虽然已经修复，但是，其市场价值的贬损是客观存在的，如果适用了"填平原则"，则这部分的"减值损失"就应得到赔偿。

从保险角度看，根据保险的损失补偿原则，保险人不但应赔偿车辆修复部分的费用，还应承担车辆减值部分的赔偿。所以"减值损失"的出现已经引起机动车辆保险从业人员的重视，因为"减值损失"原则的确立无论对于车辆损失部分，还是对于第三者责任部分的赔偿原则和标准，乃至对于机动车辆的风险评估等方面均会产生较大的影响，会给车辆定损的标准乃至整个保险公司的经营带来更加严峻的挑战。

为了减少纠纷，目前多数保险公司在车辆损失保险条款和第三者责任保险条款中明确规定不赔偿减值损失部分，然后又在附加险中单独开发了价值损失险种。因此，既然车辆保险条款中把减值损失明确列明为责任免除内容，那么，只有被保险人单独购买了减值损失险种，该方面的损失才可以得到完全的补偿。

总之，无论保险是否赔偿减值损失，肇事者对受害者的减值损失是必须承担的。

5.3.4 新增设备损失案例

1. 案例简介

一辆北京现代途胜 SUV 购买了车辆损失保险、第三者责任险、车上人员责任险、新增设备损失险等。该车前后护杠为新增设备，约定价值为3000元。

某天，该车在倒车过程中，车辆与其后面的电线杆碰撞，导致后保险杠外侧的护杠（此装置不属于原车所有，是车主后期增加的）损坏（图5-24），经保险公司查勘员查勘，认定属于保险责任，从新增设备损失险给予赔偿，赔偿损失金额850元。

（a）　（b）

图5-24　途胜倒车碰电线杆事故

2. 案例分析

新增加设备损失保险是一附加险种，投保了机动车损失保险的机动车，方可投保该险种。

新增加设备损失保险的保险责任是：保险期间内，被保险机动车因发生机动车损失保险责任范围内的事故，造成车上新增加设备的直接损毁，保险人在保险单载明的本附加险的保险金额内，按照实际损失计算赔偿。

新增加设备是指被保险机动车出厂时原有各项设备以外，被保险人加装的设备及设施。投保时，应当列明车上新增加设备明细表及价格。

在本案中，假如被保险人只是投保了车辆损失保险而没有投保新增加设备损失保险，那么车辆出险只导致了不属于原车所有的后保险杠外侧的护杠损坏而没有其他零部件的损坏，是不可能得到保险公司任何赔付的；假如事故导致了包括其他原车所有的零部件损坏，那么保险公司在理赔时，也会扣除车主后期增加的护杠维修费用。

5.3.5　不计免赔条款案例

1. 案例简介

甲、乙两车投保交强险、足额车损险、商业三者险、车损险与商业三者险的不计免赔率特约条款。由于发生了事故，导致两车互撞（图 5－25），甲车承担主要责任，车损 1 万元，车上司机的医疗费 2 万元；乙车承担次要责任，车损 5000 元，车上人员残疾费用 20 万元。则甲、乙两车能获得多少保险赔款？

图 5－25　两车互撞

2. 案例分析

甲、乙两车的赔款理算分别为：

（1）交强险赔偿：

甲车的第三者财产损失为 5000 元，大于财产损失赔偿限额，所以应赔偿甲车 2000 元；

甲车的第三者死亡伤残为 20 万元，大于死亡伤残赔偿限额，所以应赔偿甲车 11 万元；

乙车的第三者财产损失为 1 万元，大于财产损失赔偿限额，所以应赔偿乙车 2000 元；

乙车的第三者医疗费用为 2 万元，大于医疗费用赔偿限额，所以应赔偿乙车 10000 元。

(2) 商业车险:

甲车车损赔偿=(10000-2000)×70%=5600 元;

甲车第三者赔偿=(5000+200000-2000-110000)×70%= 65100 元;

乙车车损赔偿=(5000-2000)×30%= 900 元;

乙车第三者赔偿=(10000+20000-2000-10000)×30%= 5400 元。

(3) 甲车赔款理算总额=2000+110000+5600+65100=182700 元。

(4) 乙车赔款理算总额=2000+10000+900+5400=18300 元。

若两车没有买车损险与商业三者险的不计免赔率特约条款,此时商业险的赔款理算就会变化,按条款规定主要责任免赔率通常为15%、次要责任免赔率通常为5%,所以该情况两车的赔款理算具体如下:

(1) 商业车险:

甲车车损赔偿=(10000-2000)×70%×(1-15%)= 4760 元;

甲车第三者赔偿=(5000+200000-2000-110000)×70%×(1-15%)= 55335 元;

乙车车损赔偿=(5000-2000)×30%×(1-5%)= 855 元;

乙车第三者赔偿=(10000+20000-2000-10000)×30%×(1-5%) = 5130 元。

(2) 甲车赔款理算总额=2000+110000+4760+55335=172095 元。此时比有不计免赔特约险少获得保险公司赔偿 10605 元。

(3) 乙车赔款理算总额=2000+10000+855+5130=17985 元。此时比有不计免赔特约险少获得保险公司赔偿 315 元。

经比较可见,购买不计免赔特约险是非常有必要的,其保险责任是:保险事故发生后,按照对应投保的险种规定的免赔率计算的、应当由被保险人自行承担的免赔金额部分,保险人负责赔偿。

但下列情况下,应当由被保险人自行承担的免赔金额,保险人不负责赔偿:

(1) 机动车损失保险中应当由第三方负责赔偿而无法找到第三方的;

(2) 被保险人根据有关法律法规规定选择自行协商方式处理交

通事故,但不能证明事故原因的;

(3) 因违反安全装载规定而增加的;

(4) 投保时指定驾驶人,保险事故发生时为非指定驾驶人使用被保险机动车而增加的;

(5) 投保时约定行驶区域,保险事故发生在约定行驶区域以外而增加的;

(6) 因保险期间内发生多次保险事故而增加的。

5.3.6　车辆质量纠纷案例

1. 案例简介

某运输公司为新购买的一辆载货汽车投保了车辆损失保险。一日,驾驶员蔡某去送货,行至某国道一直行路段,准备超越前方一农用车时,迎面驶来一辆宝马轿车。由于当时载货汽车速度较快,转向时驾驶员用力过猛,导致转向直拉杆头部突然断裂,造成与宝马轿车相撞的重大交通事故。不仅该车受损、驾驶员蔡某受伤,且宝马轿车损坏,车上 1 人死亡、2 人重伤(图 5－26)。

图 5－26　车祸现场

事故发生后,经交通事故处理部门认定,货车负事故全部责任,赔偿对方所有损失。运输公司考虑到该车购买了车辆损失保险,于是向保险公司提出索赔,保险公司通过查勘,认定事故原因为转向直拉杆头部突然断裂所致，作为新车出现此问题属于质量问题，保险公司不负责赔偿。运输公司不服，上诉至法院。法院经委托鉴定，获得“质量不合格”的结论，判原告败诉。

2. 案例分析

本案焦点是该事故的近因是否属于车辆损失保险责任范围。车辆损失保险的保险责任是在车辆使用过程中因产生碰撞、倾覆等意外事故或因暴风、暴雨等自然灾害导致车辆损失以及事故过程中的施救费用，由保险人负责赔偿。

本案中，虽然事故的性质属于碰撞，但引起碰撞的原因是直拉杆头部质量不合格，所以事故的真正近因是汽车制造厂生产的产品不合格，而产品质量不合格不属于保险责任。因此，该起事故的车辆损失应由汽车制造厂负责，客户应该主张自己的权利，如图 5 - 27 所示。如果汽车制造厂购买了产品质量保证保险，那么该车损失应由承保产品质量保证保险的保险公司赔偿。

图 5 - 27　维权之路

5.3.7　重复保险赔偿案例

1. 案例简介

张某拥有一辆价值 10 万元的轿车，2013 年 4 月份发生交通事故，导致车辆全损,交警判定由他承担事故的全部责任。经鉴定,车辆发生事故时的实际价值为9万元。

之前,张某曾经于2012年10月在某保险公司投保了包括车损险在内的若干险种,后来经朋友介绍,又在另两家保险公司分别投保了车损险。三家公司车辆损失保险的保险金额分别为10万元、8万元和7万元。

事发后,他先在第一家保险公司获得了足额赔偿,又想到自己还有另外两份保险,就持保单前往索赔,保险公司得知他已获得足额赔付后拒绝了他的赔偿请求。张某不服,上诉至法院,法院判保险公司胜诉。

2. 案例分析

张某分别在三家保险公司投保车损险的行为属于重复保险。

《保险法》第五十六条第一、二款规定:"重复保险的投保人应当将重复保险的有关情况通知各保险人。重复保险的各保险人赔偿保险金的总和不得超过保险价值。"后两家保险公司在得知第一家保险已履行赔偿责任的基础上做出拒赔的做法完全符合《保险法》的相关规定。许多投保人在不了解保险补偿性的情况下,认为重复保险可以重复索赔,违背了保险法的相关规定。

同时,《保险法》第五十六条第三款规定:"重复保险的投保人可以就保险金额总和超过保险价值的部分,请求各保险人按比例返还保险费。"可见,投保人因重复保险多支出的保费可以退还(图5-28)。

那么针对重复保险,究竟有哪些常见的赔偿方式呢?常见的有三种分摊方式,分别为比例责任分摊、限额责任分摊、顺序责任分摊。

若不考虑免赔因素,甲、乙、丙三家保险公司各应赔付给张先生损失为:

(1) 按比例责任分摊:

甲保险公司的赔偿额=9×(10/(10+8+7))=3.60万元;

乙保险公司的赔偿额=9×(8/(10+8+7))=2.88万元;

丙保险公司的赔偿额=9×(7/(10+8+7))=2.52万元。

图 5-28 重复保险

(2) 按限额责任分摊:

甲保险公司的赔偿额=9×(9/(9+8+7))=3.375 万元;

乙保险公司的赔偿额=9×(8/(9+8+7))=3.000 万元;

丙保险公司的赔偿额=9×(7/(9+8+7))=2.625 万元。

(3) 按顺序责任分摊:

甲保险公司的赔偿额=9 万元;

乙保险公司的赔偿额=0 万元;

丙保险公司的赔偿额=0 万元。

若张某购买车辆损失保险时,在保险合同中没有约定重复保险的分摊方式,则根据《保险法》第四十一条第二款规定:“重复保险的保险金额总和超过保险价值的,各保险人的赔偿金额的总和不得超过保险价值。除合同另有约定外,各保险人按照其保险金额与保险金额总和的比例承担赔偿责任”。所以,甲、乙、丙三家保险公司应分别赔付给张先生 3.6 万元、2.88 万元、2.52 万元。

5.3.8 权利代位求偿案例

1. 案例简介

2007 年 8 月 17 日,老王给自己的颐达轿车(图 5-29)购买了车辆损失保险、第三者责任保险、车上人员责任保险、全车盗抢险，保险期限为一年。

同年 10 月 7 日，他开车回家被老李的车追尾。经交警认定，老李负全部责任。老王修车花费 5000 元，并从保险公司索要了赔款，同时将向老李追偿的权利转让给了保险公司。保险公司在代替老王向老李索要事故损失赔偿时，老李认为事故原因是由于自己驾驶技术不熟练，责任在自己，心中也感觉十分愧疚，于是马上拿出了 6000 元，给了保险公司的小赵。小赵将 6000 元全部交回了保险公司。过了一段时间后，老王听说了此事，向保险公司要多余的 1000 元钱，保险公司坚决不给。老王十分气恼，向法院提起诉讼。

图 5－29　颐达轿车

2. 案例分析

保险公司应该将多于保险赔偿的 1000 元返给老王。依据是：首先，保险公司的代位追偿是以保险赔偿额度为限的，超出部分就没有代位追偿权了。其次，多出的 1000 元，是属于肇事者老李对受害者老王的补偿，这不属于保险赔偿，不违背保险补偿的原则。第三，如果老李给予保险公司的钱低于保险赔偿额度，那么保险公司就差额部分继续享有代位追偿权。第四，如果保险公司赔给老王的款不足以补偿老王的所有损失，那么老王还可以就自己的不足部分继续向老李要钱。

5.3.9 无证驾驶肇事案例

1. 案例简介

2008 年 12 月 18 日,张某驾驶一辆宝来由山东省聊城市的清河乡到阳谷,由北向南行驶时,由于对行车辆的前照灯刺眼,操作不当,不慎撞倒了路边的大树上,并碰伤一行人,驶进了路边的沟中(图 5-30)。

(a)补勘第一现场,道路很窄

(b)补勘第一现场,树木损坏,且断口新鲜

(c)补勘第一现场,有车辆痕迹和宝来车散落物

(d)标的车受损,且右前轮等有新鲜泥土

图 5-30 宝来驶进沟内的事故

接到查勘调度后,查勘员立即赶赴现场,展开查勘工作。经核对,发现车牌号、车架号、发动机号无误,确认出险车辆属于保险标的。

经补勘第一现场,以及事故车的碰撞痕迹,确认被保险人所述事故经过属实。但在查验双证时,发现驾驶员张某的驾驶证准驾车型为 E,查勘员立即将驾驶证、行驶证拍摄留存,并对驾驶员做了询问笔录。

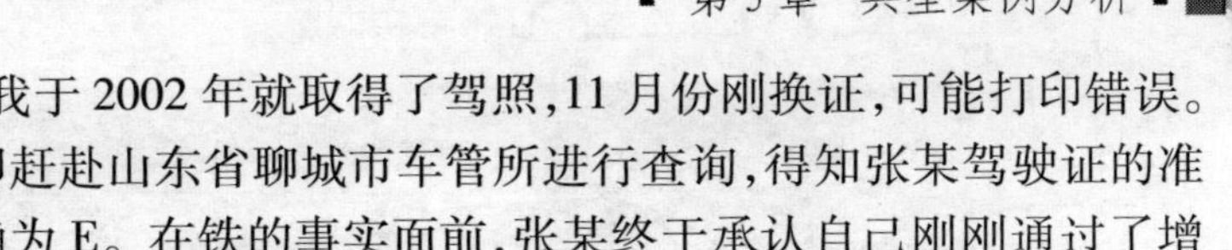

张某解释:我于 2002 年就取得了驾照,11 月份刚换证,可能打印错误。查勘员立即赶赴山东省聊城市车管所进行查询,得知张某驾驶证的准驾车型的确为 E。在铁的事实面前,张某终于承认自己刚刚通过了增驾 C 本的考试,驾驶证还未发放。保险公司遂对该案予以拒赔。

2. 案例分析

本案属于所驾车辆与驾驶证记载的准驾车型不相符的驾驶员不合格情形。这属于车辆损失保险条款和第三者责任保险条款责任免除部分明确列明的内容,所以保险公司拒赔的做法是正确的。

本案的关键之处在于查勘员及时发现了驾驶证的准驾车型为 E,且及时准确地从交警的驾驶员信息系统中查询到了本案被保险人的准驾车型、初次领证时间、年审时间等信息,对客户的拒赔,有了铁的证据。

但是,对于交强险来说,根据条款第 9 条的规定,被保险机动车在驾驶人未取得驾驶资格的情形下发生交通事故,造成受害人受伤需要抢救的,保险人在接到公安机关交通管理部门的书面通知和医疗机构出具的抢救费用清单后,按照国务院卫生主管部门组织制定的交通事故人员创伤临床诊疗指南和国家基本医疗保险标准进行核实。所以,本案中关于行人的受伤,如果需要抢救,其抢救费用在肇事者无能力支付的情形下,保险公司可以先行垫付。垫付的前提条件是接到公安部门的通知和医疗机构的清单并经过核实。对于垫付的抢救费用,保险人有权向致害人追偿。而关于第三者财产的损失和第三者人伤的其他费用,交强险同样是不予负责理赔的。

5.3.10　无过错致损害案例

1. 案例简介

某日,王某驾驶汽车去办事,行驶过程中轮胎压飞一卵石,卵石高速飞出击中路边行人女青年李某一眼,致使李某重伤(图 5-31),被送医院治疗,仅医疗费一项就花费了 15000 余元。

经公安交通事故处理部门认定,双方均不负责任,李经伤残鉴定为 4 级伤残。由于该车投保了 20 万元的第三者责任险,并且损失较

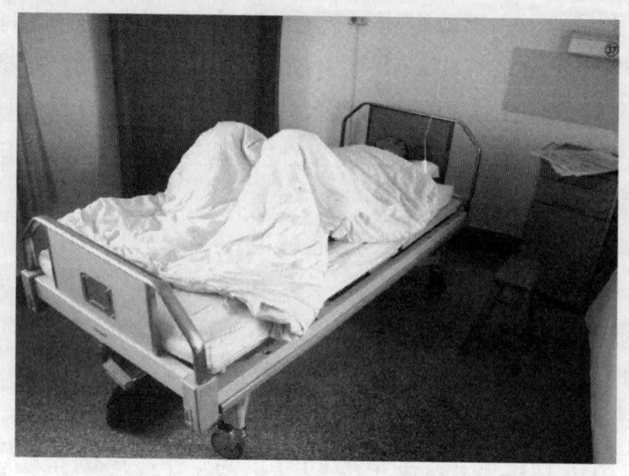

图 5-31　受伤入院的第三者

大,王某在收到责任认定书后,立即向保险公司说明情况,并就李某的治疗费用提出索赔申请。

保险公司受理此案后,就如何处理这起机动车辆第三者责任保险赔付案有几种不同的意见:

第一种意见认为保险公司应该拒赔。理由是保险车辆本身既没有碰撞,也没有倾覆,没有和第三者发生任何接触,因此,保险车辆本身没有发生"意外事故"。在保险车辆没有发生意外事故的情况下,不构成第三者责任保险的保险责任。

第二种意见认为保险公司应该赔付,理由是保险车辆本身虽然没有和第三者发生直接接触,但由于压飞卵石造成了对第三者的损害,因此无论对于被保险人还是第三者来说,这种情况都属于意外事故,由于该事故是由于保险车辆的原因造成的,应当属于保险条款所指的"意外事故",保险人应当负赔偿责任。

2. 案例分析

由于现行车险条款关于第三者责任险的规定中,并没有明确"意外事故"是否必须发生于保险车辆本身,但该事故的确是由于保险车辆引起的,所以应当视为条款中所指的"意外事故"。因此,应当认定该起事故构成了第三者责任险中的保险责任,保险人应当按照保险合

同的规定予以赔偿。

不过,在《机动车第三者责任保险条款》中的赔偿处理规定中,一般都规定了“保险人依据被保险机动车驾驶人在事故中所负的事故责任比例,承担相应的赔偿责任。被保险人或被保险机动车驾驶人根据有关法律法规规定选择自行协商或由公安机关交通管理部门处理事故未确定事故责任比例的,按照下列规定确定事故责任比例:被保险机动车方负主要事故责任的,事故责任比例为70%;被保险机动车方负同等事故责任的,事故责任比例为50%;被保险机动车方负次要事故责任的,事故责任比例为30%。假如被保险机动车方无责,一般是不予赔偿的。”这样说来,本案中交警认定“双方均不承担事故的责任”,似乎保险公司也可以不予理赔的。

其实,由于本事故不属于道路交通事故,因此本案的损害赔偿责任的认定,不适用《道路交通安全法》,而应当适用《中华人民共和国民法通则》。根据《中华人民共和国民法通则》第一百三十二条规定:“当事人对造成损害都没有过错的,可以根据实际情况,由当事人分担民事责任。”因此,保险公司应负部分赔偿责任,未必承担全部的赔偿责任。

附录 汽车保险相关法律法规目录

附录： 汽车保险相关法律法规目录

为充分享受保险保障，客户在汽车使用过程中应遵守相关法律法规的规定，否则，当汽车事故发生向保险公司索赔时可能会遭到拒赔。相关法律法规的名称及实施时间见下表：

序号	法律法规名称	实施时间
1	《中华人民共和国保险法》	2009年10月1日
2	《中华人民共和国道路交通安全法》	2011年5月1日
3	《中华人民共和国道路交通安全法实施条例》	2004年5月1日
4	《机动车交通事故责任强制保险条例》	2013年3月1日
5	《最高人民法院关于审理人身损害赔偿案件适用法律若干问题的解释》	2004年5月1日
6	《最高人民法院关于确定民事侵权精神损害赔偿责任若干问题的解释》	2001年3月10日
7	《道路交通事故受伤人员伤残评定》	2002年3月11日
8	《机动车驾驶证申领和使用规定》	2013年1月1日
9	《拖拉机驾驶证申领和使用规定》	2004年10月1日
10	《道路交通事故处理程序规定》	2009年1月1日
11	《机动车维修管理规定》	2005年8月1日
12	《机动车登记规定》	2012年9月12日
13	《机动车强制报废标准规定》	2013年5月1日

参 考 文 献

[1] 赵长利. 汽车保险与理赔点点通. 北京:国防工业出版社,2011.
[2] 赵长利. 汽车保险. 北京:水利水电出版社,2010.
[3] 李景芝,赵长利. 汽车保险典型案例分析. 北京:国防工业出版社,2010.
[4] 李景芝,赵长利. 汽车保险与理赔(第2版). 北京:国防工业出版社,2010.
[5] 李景芝,赵长利. 汽车保险理赔. 北京:机械工业出版社,2009.
[6] 张晓明,欧阳鲁生. 机动车辆保险定损员培训教程. 北京:首都经济贸易大学出版社,2007.
[7] 中国人民财产保险股份有限公司. 机动车辆保险条款. 2009.
[8] 中国太平洋财产保险股份有限公司. 机动车辆保险条款. 2009.
[9] 中国平安财产保险股份有限公司. 机动车辆保险条款. 2009.